조선의 명의 허준을 만나다

글 **강무홍** | 그림 **김종범**
감수 **김호**

차례

1. 나무 마루 아지트 - 9

2. 두루마리님, 할아버지를 불러 주세요! - 19

3. 희미한 아기 울음소리 - 31

4. 마을에 전염병이 돌고 있다! - 47

5. 벌에 쏘이다 - 61

조선의 명의 허준을 만나다

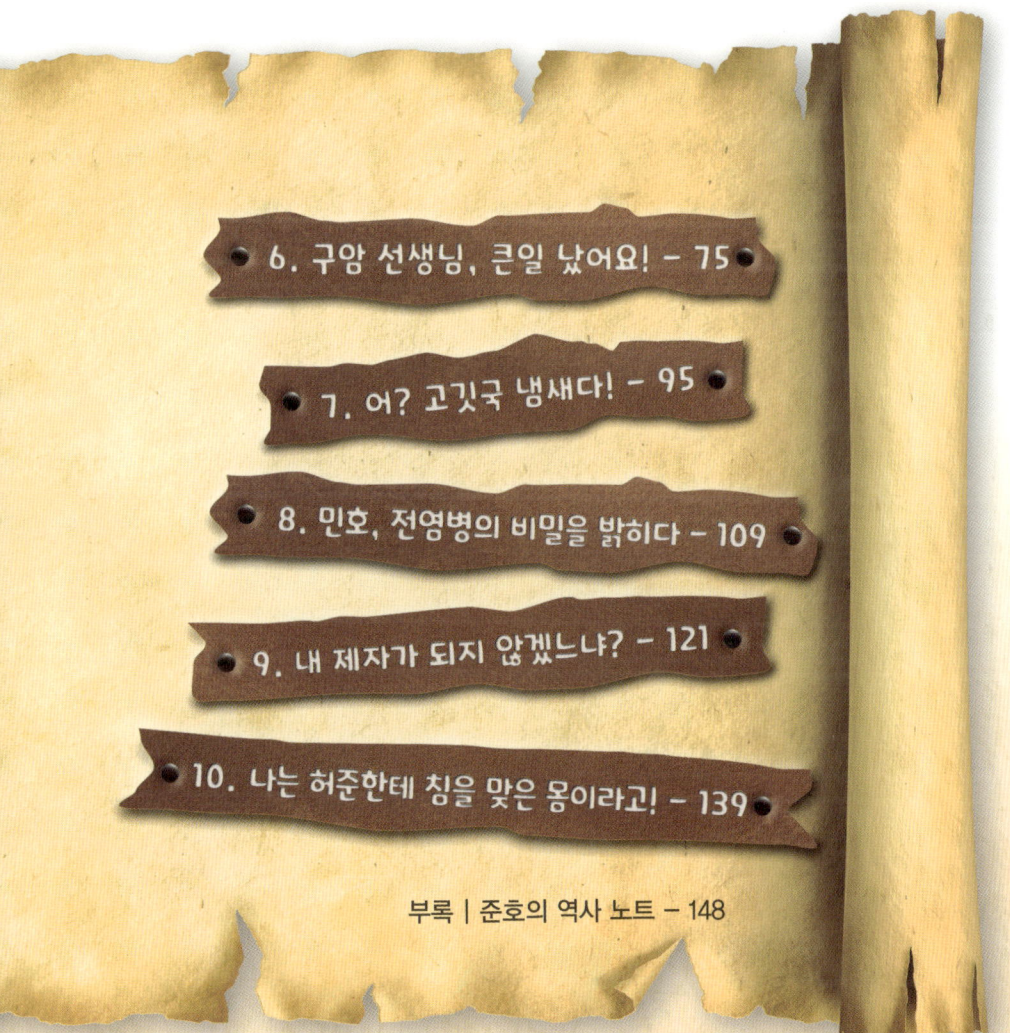

6. 구암 선생님, 큰일 났어요! - 75

7. 어? 고깃국 냄새다! - 95

8. 민호, 전염병의 비밀을 밝히다 - 109

9. 내 제자가 되지 않겠느냐? - 121

10. 나는 허준한테 침을 맞은 몸이라고! - 139

부록 | 준호의 역사 노트 - 148

마법의 두루마리를 펼치기 전에

　역사학자 아빠를 따라 경주로 이사를 간 준호와 민호는 새집 지하실에서 마법의 두루마리를 발견한다. 둘은 마법의 두루마리를 펼쳐 석기 시대, 삼국 시대, 고려 시대, 조선 시대 등으로 과거 여행을 떠난다. 이웃에 사는 수진도 준호와 민호의 비밀을 눈치채고 모험에 함께한다.
　과거 여행을 하면서 두루마리의 비밀을 하나둘씩 알게 된 아이들은 과거에서 만난 역사학자 할아버지에게 옷을 갈아입는 법을 배워 마치 그 시대 사람처럼 완벽하게 변장을 하고 과거 곳곳을 누빈다. 하지만 현실로 돌아오지 않는 할아버지가 걱정되어 다시 과거로 떠나는데…….

1. 나무 마루 아지트

톡! 토독! 토독! 톡! 톡!

집 뒤뜰의 느티나무 밑을 지나가는 준호와 민호의 머리 위로 작은 도토리들이 떨어졌다.

민호가 '뭐지?' 하고 나무를 올려다보았다. 나뭇가지 사이로 달랑거리는 다리가 보였다. 수진이었다.

"야! 너 왜 또 거기에 올라가 있어? 왜 자꾸 남의 집 나무에 올라가는 거야?"

민호가 도토리를 되던지며 소리치자, 수진의 목소리가 들렸다.

"이 나무는 내 나무야! 난 네가 이사 오기 훨씬 전부터 여기서 놀았다고!"

"뭐? 네 나무라고?"

민호가 씩씩거리며 나무줄기를 붙잡고 기어오르기 시작했다.

준호는 걱정스런 얼굴로 나무줄기에 찰싹 달라붙은 민호의 엉덩이를 툭툭 쳤다.

"민호야, 그러다 다치겠다. 수진아, 네가 내려와!"

준호의 말에도 수진은 깔깔대고 웃기만 했다. 민호는 씩씩대며 나무 위로 올라갔다.

준호는 고개를 젖히고 나무 위를 보며 민호와 수진을 찾았다. 누렇게 물든 느티나무 잎에 가려 민호와 수진의 모습이 잘 보이지 않았다. 그저 민호가 움직일 때마다 바스락거리는 소리가 나며 나뭇잎이 떨어질 뿐이었다.

고개가 아파 오자 준호는 민호와 수진 찾기를 포기하고 나무에 등을 기대고 앉았다. 그러고는 바닥에 떨어진 도토리들을 주워 들여다보며 짧은 한숨을 내쉬었다.

민호가 나무 위로 올라가 보니, 수진은 나뭇가지가 갈라진 곳에 앉아 있었다.

"어쭈, 제법인데?"

민호를 본 수진은 좀 더 위쪽의 가지로 올라갔다.

민호는 재빨리 수진이 앉아 있던 곳으로 올라가 나뭇가지에 걸터앉았다. 가지가 완만하게 옆으로 뻗어 있어 앉기가 편했다. 수진이 얼마나 오르내렸는지 나무껍질이 마룻바닥처럼 반들반들했다.

왜 진작 여기에 올라올 생각을 못 했을까?

생각지도 못했는데 아주 근사한 곳이었다. 고개를 젖히고 위를 보니, 바삭 마른 나뭇잎 사이로 보이는 하늘이 꼭 조그만 손바닥 창 같았다. 나무 아래로는 마을 풍경이 한눈에 들어왔다.

"우아, 멋지다!"

민호가 감탄하자, 위쪽의 나뭇가지에 엎드리듯 기댄 수진이 손가락으로 마을 저 너머를 가리키며 말했다.

"저기 보이는 강이 형산강이야."

수진이 있는 곳에서는 형산강 줄기와 마을 어귀가 내다보였다. 강둑에 서 있는 미루나무와 할 일 없이 어슬렁거리는 마을 개들, 그 너머 벼가 익어 가는 들판과 논에서 일하는 사람들의 모습도 보였다.

나무 위에서는 소리도 더 생생하게 들렸다. 짹짹거리는 새소리, 컹컹 개 짖는 소리, 바람에 흔들리는 나뭇잎 소리와 벌레 소리까지 온갖 소리들이 또렷하게 들렸다. 심지어 수진네 담 너머로 나들이 나온 닭들이 "구구, 삐약, 삐약." 수다 떠는 소리까지 다 들렸다. 닭은 수풀에서 지렁이를 쪼아 꼴깍 삼키며 주위를 두리번거렸다.

"와, 여기서 보니까 너희 집도, 우리 집도 다 보이잖아! 마당에 있는 닭들까지!"

민호가 감탄하다 말고 심통 맞게 투덜거렸다.

"그럼 여기서 우리가 뭐 하는지 다 봤겠네? 하긴 비겁하게 우리가 처음 이사 왔을 때, 형이랑 나랑 하던 얘기를 몽땅 엿들었지!"

민호의 퉁명스러운 말에도 수진은 씩 웃을 뿐이었다.

"미안, 미안! 여기 좋지? 네가 이사 오기 전에는 심심할 때마다 여기 올라왔어. 여긴 나만의 비밀 아지트야."

"말도 안 돼! 우리 집에 있는 나무인데, 왜 네 아지트야?"

"내가 먼저 발견했으니까. 나 아니었으면, 넌 여기 올라올 생각도 안 했을걸. 영원히!"

수진은 '영원히!'라는 말에 특별히 힘을 주었다.

민호는 말문이 막혔다. 말로는 수진을 당해 낼 재간이 없었다.

민호가 눈을 부릅뜨고 할 말을 찾고 있는데, 수진이 선심 쓰듯 말했다.

"좋아! 너랑 준호 오빠가 나를 지하실에 데려갔으니까, 나도 너랑 오빠가 여기 올라오게 해 줄게! 이제 우리 아지트는 두 개야! 지하실이랑 이 나무! 나무 아지트 다 구경

했으면 지하실로 가자!"

수진은 능숙한 솜씨로 가지에 매달리더니, 나무 밑으로 툭 떨어졌다.

맨날 저렇게 우리 앞에 나타났군!

민호는 왠지 억울한 마음이 들어 얼굴을 찡그렸다. 그러고는 수진을 쫓아서 나뭇가지에 매달렸다가, 나무 밑으로 툭 떨어졌다.

"아, 깜짝이야!"

갑자기 수진과 민호가 눈앞에 나타나자 준호가 깜짝 놀라 둘을 번갈아 쳐다보았다.

"형, 여기 우리 아지트 하기로 했어. 저기 위에 되게 좋아! 나중에 형도 같이 올라가자!"

수진이 자랑스러운 듯 어깨를 으쓱하자, 민호가 다시 말했다.

"여기는 나무 마루 아지트야! 어때, 멋지지? 내가 지은 이름이야. 나무 마루 아지트! 이제 우리는 아지트가 두 개야! 지하실 아지트랑 나무 마루 아지트!"

준호가 입에 손가락을 갖다 댔다.

"쉿! 집에 엄마 있어!"

민호가 헤헤 웃으며 말했다.

"엄마, 낮잠 자는데 뭐. 엄마는 잘 때 아무 소리도 못 듣는다고."

"그래도……."

준호가 주의를 주려 했지만, 민호는 "가자! 지하실 아지트로!" 하고 소리치며 지하실로 달려갔다. 수진도 냉큼 민호를 쫓아가며 "오빠, 빨리 와!" 하고 소리쳤다. 준호는 고개를 절레절레 젓고는 곧 둘의 뒤를 쫓아갔다.

2. 두루마리님, 할아버지를 불러 주세요!

아이들이 마법의 두루마리를 펼쳐 도착한 곳은 나무와 풀이 무성한 숲속이었다. 온통 초록빛을 띤 나무들 뒤로 소나무가 병풍처럼 둘러쳐진 바위산들이 첩첩이 이어져 있었다.

준호는 소나무 밑에 떨어져 있던 두루마리를 주워 펼쳤다. 민호도 모래시계를 찾아 주머니에 집어넣고 주위를 둘러보았다.

"애걔, 여긴 그냥 숲이네. 과거로 온 거 맞아?"

민호가 큰 소리로 떠들자 준호가 "쉿!" 하고 주의를 주었다. 하지만 민호는 아랑곳하지 않았다.

"괜찮아, 형. 아무도 없는데, 뭐."

하지만 밤말은 쥐가 듣고 낮말은 새가 듣는다지 않던가? 수진만 해도 나무 위에서 그렇게 엿듣고 있을 줄 누가 알았을까?

준호는 경계의 눈빛으로 주위를 살폈다. 민호 말대로 숲 속은 아주 조용했다. 나뭇잎 색깔만 바뀌었을 뿐, 과거에 왔다는 느낌도 들지 않았다.

준호는 두루마리를 자세히 들여다보았다. 두루마리 왼쪽 지도에는 지금의 한반도처럼 압록강과 두만강 부근에 국경선이 그어져 있고 압록강 하구, 그러니까 한반도 북부 왼쪽 끝에 둥근 점이 찍혀 있었다. 전에 보았던 대동여지도*와 비슷한 모양이었다. 그렇다면 이곳은 조선 시대일까? 압록강 부근의 이 점은 어디를 가리키는 것일까?

민호가 소리쳤다.

"저기, 강이다!"

민호는 어느새 숲에서 조금 벗어난 곳에 서 있었다.

민호가 가리키는 쪽을 보니, 맞은편 산 밑에 가물가물 반짝이는 푸른 강과 크고 작은 섬들이 보였다. 멀리 양지바른 들판에 초가집들이 드문드문 있고, 강 위에는 돛단배 한 척이 유유히 떠가고 있었다. 초여름의 눈부신 햇살 아래 반짝이는 물빛과 초록빛이 싱그러웠다.

조심성 많은 준호는 민호를 향해 "제발 조용히 좀 해!" 하며 인상을 쓰고는 오른쪽 지도를 들여다보았다. 지도에는 강과 섬들이 그려져 있고, 강 주위의 산등성이를 따라

▲대동여지도 전도

* **대동여지도**
조선 시대에 지리학자 김정호가 만든 지도로, 오늘날의 우리나라 지도와 거의 차이가 없을 정도로 정확하고 정밀하다. 전체가 22첩으로 되어 있는데, 병풍처럼 접혀 있는 첩의 크기는 완전히 펼치면 한 첩이 세로 30센티미터, 가로 약 3.8미터이다. 22첩을 모두 펼쳐 아래위로 이으면 세로 약 6.7미터, 가로 약 3.8미터로, 현재까지 남아 있는 지도 가운데 가장 크다. 부호를 이용하여 능, 역, 산성 등을 표시했고 산줄기의 굵기로 산의 높이와 크기를 알수 있게 했으며, 배가 다닐 수 없는 물길은 한 줄로, 배가 다닐 수 있는 물길은 두 줄로 표시하는 등 많은 정보를 담았다.

성곽이 그려져 있었다. 성곽 안팎으로는 집들이 그려져 있었는데, 그 주위로 산들이 끝도 없이 이어져 있었다. 지도만 봐서는 어디인지 도통 짐작이 가지 않았다.

"아참! 잊어버리기 전에 두루마리한테 빌어 보자! 할아버지 만나게 해 달라고! 저번처럼 까먹기 전에."

수진이 퍼뜩 생각난 듯 소리치자 민호도 맞장구를 쳤다.

"맞다! 여긴 조용하니 누가 나타날 걱정도 없잖아. 당장 빌자!"

수진과 민호는 준호가 들고 있던 두루마리에 고개를 디밀고 아래쪽에 나란히 쓰여 있는 글자들을 살펴보았다. 하지만 아무리 봐도 뭐가 뭔지 알 수 없었다. 아는 거라곤 옷 모양의 글자뿐, 나머지는 도대체 무엇을 뜻하는지 짐작조차 가지 않았다.

글자를 뚫어지게 들여다보던 민호가 머리를 감싸 쥐며 말했다.

"아이고, 머리야! 혹시 이거 아닐까? 꼭 할아버지처럼 생겼잖아."

준호는 민호가 가리킨 글자를 보며 고개를 갸웃거렸다. 어디를 봐서 그 글자가 할아버지처럼 생겼다는 걸까?

수진도 고개를 갸웃거리다가, 두루마리에 달려 있는 초록빛 팻말을 집었다.

"그럼 그 글자에 이 팻말을 한번 대 볼까? 옷을 갈아입을 때, 글자에 팻말을 대면 글자가 꿈틀거리잖아!"

민호가 손뼉을 치며 소리쳤다.

"맞아! 팻말을 대면 글자가 꿈틀거리지! 빨리 해 보자."

수진이 민호가 말한 글자에 팻말을 갖다 대자, 순간 글자가 꿈틀거렸다.

"거 봐, 내 말 맞지!"

민호가 보란 듯이 소리치자, 준호와 수진도 기쁜 얼굴로 활짝 웃었다. 아이들은 재빨리 입을 모아 소리쳤다.

"두루마리님, 할아버지를 불러 주세요!"

아이들은 한동안 숨을 죽이고 기다렸다. 하지만 아무 일도 일어나지 않았다.

　민호의 얼굴에 실망한 표정이 지나갔다. 수진은 이상하다는 듯 고개를 갸웃거리고는 팻말을 그 옆에 있는 글자에 갖다 대 보았다. 두루마리는 조금 전과 같이 살짝 꿈틀거

리더니 이내 멈추었다. 그 옆의 글자도, 그 옆의 옆에 있는 글자도 마찬가지였다. 어떤 글자에 팻말을 대도 글자는 살짝 꿈틀대다가 멈출 뿐이었다.

"두루마리에 있는 글자에 팻말을 갖다 대면 다 꿈틀거리나 봐!"

수진이 울상을 짓자 민호가 씩씩대며 말했다.

"아니야! 주문을 안 외워서 그래! 글자마다 팻말을 갖다 대고 주문을 외워 보자. 몽땅 다!"

두루마리 가장자리에 있는 글자는 족히 열 개는 넘어 보였다. 그 글자마다 팻말을 갖다 대고 주문을 외워 보자고? 열 번도 넘게?

준호는 그렇게 계속 소리를 질러 대는 것이 영 내키지 않았다. 아무리 조용한 숲속이라지만, 어디서 누가 나타날지도 모르는데 위험하지 않을까 걱정스러웠다. 임진왜란이 한창인 사천에 갔을 때도 갑자기 왜군이 나타났었다. 하지만 두루마리로 역사학자 할아버지를 찾을 수 있다는 확신에 차 있는 수진과 민호를 준호는 도저히 말릴 수가 없었다.

준호는 한숨을 푹 쉬고는 왼쪽 첫 글자에 팻말을 갖다 댔다.

"두루마리님, 할아버지를 불러 주세요!"

간절한 마음이 담긴 외침이 조용한 숲속에 울려 퍼졌다. 하지만 아무 일도 일어나지 않았다. 그 옆에 있는 글자, 그 옆에 있는 글자도 마찬가지였다. 모든 글자에 팻말을 갖다 대고 "두루마리님, 할아버지를 불러 주세요!" 하고 간절히 빌었지만 어떤 마법도 일어나지 않았다.

수진이 실망한 목소리로 말했다.

"두루마리로는 할아버지를 찾을 수 없나 봐."

민호도 계속 소리치느라 힘이 빠져 바닥에 풀썩 주저앉았다. 초여름이긴 했지만, 볕이 제법 뜨거웠다.

"안 되겠어. 일단 옷부터 갈아입자!"

준호의 말에 어느덧 어엿한 옷 담당이 된 수진이 두루마리 아래쪽에 있는 옷 모양의 글자에 팻말을 갖다 대고 눈짓했다. 성공이 확실한 마법인 만큼 아이들은 다시 힘을 내서 한목소리로 외쳤다.

"두루마리님, 제발 우리에게 옷을 주세요!"

하얀 연기가 신비롭게 피어올라 아이들을 감싸더니, 다음 순간 아이들의 옷이 누런 삼베옷으로 바뀌었다.

암행어사를 만났을 때 입었던 것과 비슷한 옷이었다.

"에이, 또 허름한 옷이네!"

민호가 투덜대며 소매를 걷었다. 할아버지를 찾는 것은 실패했지만, 옷을 갈아입고 나니 그래도 다시 힘이 솟았다. 좀 전까지의 지친 모습은 간데없이 민호는 다시 과거 여행을 하는 기분에 젖어 산 아래쪽을 가리키며 씩씩하게 말했다.

"옷도 갈아입었으니까 마을로 가 보자! 너무 소리를 질러서, 목도 아프고 배도 고파."

민호가 가리킨 곳은 산기슭의 양지 바른 곳에 밭과 작은 숲, 집들이 드문드문 서 있는 마을이었다.

"좋아!"

"가 보자!"

수진과 준호도 힘을 내어 민호와 함께 마을로 내려가기 시작했다.

3. 희미한 아기 울음소리

숲속에는 소나무들이 하늘에 닿을 듯 울창하게 자라 있어, 낮인데도 컴컴한 그늘을 드리우고 있었다. 숲길은 아주 조용했고, 사람은 한 명도 보이지 않았다. 이따금 서늘한 숲길을 따라 핀 꽃 주위에 나비가 팔랑팔랑 날아다니거나 벌이 웽웽거릴 뿐 눈에 띄는 동물도 없었다.

성가시게 달려드는 하루살이들을 손으로 쫓으며 터벅터벅 걸어 내려가던 아이들 앞에, 마침내 마을로 이어지는 듯한 넓은 길이 나타났다. 길가의 완만한 비탈에 산을 깎아 만든 옥수수와 콩* 밭이 드문드문 보였다.

민호는 아직 여물지 않은 옥수수를 보며 입맛을 다셨다.

"맛있겠다!"

뽕나무와 삼이 자라는 곳을 지나 커다란 느티나무가 서 있는 길로 접어들었을 때 수진이 걸음을 멈추고 말했다.

"무슨 소리지?"

수진의 말에 준호도 걸음을 멈추고 귀를 곤두세웠다. 앵앵거리는 것이 꼭 벌 소리 같았다.

수진이 말했다.

"아기 울음소리 같아!"

민호도 걸음을 멈추고 소리에 귀를 기울였다. 수진의 말대로 어디선가 아기 울음소리가 들려오고 있었다.

▲옥수수

* 옥수수와 콩

조선 시대에 평안도 등 한반도 북부 지방에서 주로 재배하던 작물. 산이 많은 북부 지방은 기후가 서늘하고 물이 부족하여, 벼 대신 척박한 땅에서도 잘 자라는 콩이나 조 등의 잡곡을 주로 재배했다. '대두' 또는 '태'라고도 불리는 콩은 고조선 때부터 한반도에서 재배했다는 기록이 있다. 옥수수는 남아메리카와 멕시코가 원산지로, 임진왜란 전후에 중국을 통해 우리나라에 전해졌다.

"저쪽에서 나는 것 같아!"

수진이 가리키는 쪽으로 길을 따라가자 "응애응애." 하는 울음소리가 점점 또렷해졌다.

민호가 소리쳤다.

"빨리 가 보자!"

아이들은 귀를 곤두세우고 길을 달려 내려갔다.

곧 산길이 끝나고 산울타리가 둘러진 초가집이 나타났다. 그 집에 가까워질수록 아기 울음소리는 더욱 크고 또렷해졌다.

"저 집이다!"

수진과 민호가 동시에 소리치며 집 앞으로 다가갔다. 눈간에 서서 집 안을 살펴보니 마당에는 아무도 없고 집 안에서 아기 울음소리만 들렸다.

"저기요, 아무도 안 계세요?"

민호가 소리쳤지만, 대답이 없었다.

민호와 수진은 이상한 생각이 들어 성큼성큼 집 안으로

들어갔다. 준호는 난감한 표정으로 집 주위를 둘러보고는 둘의 뒤를 따라갔다.

"응애응애!"

방문을 열자 숨이 넘어갈 듯 울어 젖히는 아기 울음소리가 귀를 파고들었다. 컴컴한 방 안에 아기와 엄마인 듯한 아주머니가 누워 있었다. 아기가 저렇게 우는데, 엄마가 달래지 않는다니 뭔가 이상했다.

혹시 아기 엄마가 죽은 건 아닐까?

아이들은 섬뜩한 생각에 몸을 부르르 떨었다. 하지만 자세히 보니 아주머니는 희미하게 숨을 쉬며 끄응, 끙 신음 소리를 내고 있었다. 몸이 많이 아픈 것 같았다.

아주머니는 아이들이 다가온 것을 알고는 정신이 없는 가운데서도 입술을 달싹였다. 아주머니 입에서 "아가, 아가……." 하는 가느다란 목소리가 새어 나왔다. 팔을 올릴 기운도 없는지 손가락만 파르르 떨고 있었다.

수진이 얼른 아기를 살펴보았다. 아기는 새빨간 얼굴로

자지러지듯 울고 있었다. 수진이 조심스레 아기를 안았다. 아기의 온몸에서 열이 펄펄 났다.

"어떡해! 아기가 불덩이야."

민호와 준호가 아주머니를 흔들었다.

"아줌마, 정신 차리세요!"

하지만 아주머니는 아이들이 흔드는 대로 흐느적거릴 뿐 온몸이 축 늘어진 채 끄응, 끙 앓는 소리만 냈다. 창백한 얼굴에는 붉은 열꽃*이 피었고 식은땀이 송송 배어 있었다.

준호가 소리쳤다.

"물! 민호야, 물 좀 가져와!"

"응!"

* 붉은 열꽃
열 때문에 생긴 붉은 반점을 가리킨다. 주로 천연두(두창)나 홍역을 앓을 때 생겨나며 상한 음식을 먹어 탈이 났을 때도 구토, 설사와 함께 작은 종기 같은 열꽃이 핀다. 열꽃이 점차 가라앉으면 그 자리에 딱지가 앉는데, 천연두는 딱지가 떨어진 뒤에도 깊은 흉터가 남는다.

민호가 허둥지둥 부엌으로 뛰어나가자, 준호는 재빨리 아주머니의 이마를 만져 보았다. 식은땀이 흐르는데도 이마가 불덩어리 같았다. 아기 울음소리가 커질 때마다 아주머니는 "아가, 아가……." 하고 허깨비처럼 손으로 방바닥을 더듬었다.

곧 민호가 허겁지겁 나무 대접에 물을 떠 왔다. 준호는 얼른 물그릇을 받아 아주머니의 입가에 대고 조심조심 입 안으로 물을 흘려 넣었다.

이윽고 "으……." 하는 신음과 함께 아주머니가 서서히 눈을 떴다.

"정신이 좀 드세요?"

민호가 얼굴을 바짝 갖다 대고 묻자 아주머니는 힘없이 눈을 껌뻑이며 아이들을 보았다. 그러고는 아기를 찾는 듯 퀭한 눈을 두리번거렸다.

아주머니는 "아가! 우리 아가……!" 하고 힘없이 웅얼거리며 일어나려다 픽 쓰러졌다.

"안 돼요. 그냥 누워 계세요. 아줌마, 많이 아프신 것 같아요."

준호는 그렇게 말하며 아주머니의 머리를 받치고 물을 좀 더 마시게 한 다음, 다시 잘 뉘었다.

"아줌마, 아기가 많이 아픈 것 같아요. 열이 펄펄 나고, 아까부터 계속 울고 있어요."

민호의 말에 아주머니는 걱정스런 눈빛으로 다시 일어나려 했다. 수진이 아기를 안아 아주머니 옆에 뉘어 주자, 아주머니의 입에서 안도의 한숨 소리가 새어 나왔다. 아기의 울음소리도 조금씩 잦아들었다.

"언제부터 이렇게 아프셨어요? 약은 드셨어요?"

준호가 다시 묻자 아주머니가 간신히 대답했다.

"엊그제부터 설사를……. 기운이 없고 열이 나고……."

"엊그제면 벌써 며칠째 누워 계셨다는 거예요?"

아주머니는 힘없이 고개를 끄덕였다.

"약은 드셨어요? 우리가 의원을 불러올까요?"

"의원보다, 밤나무 집 강계댁*을 좀 불러다오……."

아주머니는 힘없는 목소리로 간신히 말을 이었다.

"밤나무 집이요? 그 집이 어디 있는데요?"

"저 아래 우물가에……."

민호가 벌떡 일어나며 말했다.

"걱정 마세요. 우리가 금방 다녀올게요. 가자, 형! 수진아, 너는 아기 잘 보고 있어."

아기가 다시 자지러지게 울었다. 아주머니가 팔을 들어 아기를 어르려고 했지만 그럴 기운이 없는 듯했다.

수진이 아기를 안고 "울지 마, 아가야." 하고 말하며 등을 토닥였다. 하지만 아기는 열꽃이 울긋불긋 피어난 얼굴로 목젖이 다 보이도록 울어 젖힐 뿐이었다.

* **강계댁**
강계는 평안북도에 있는 고장이고 댁은 남의 아내를 가리키는 말로, 강계에서 온 아낙네라는 뜻이다. 옛날에는 다른 지방에서 시집온 사람을 부를 때, 그 사람의 고향 이름에 '댁'을 붙여 불렀다.

"이렇게 열이 나는데도 아기가 추운가 봐. 오들오들 떨고 있어. 안 되겠어. 이불을 더 덮어 줘야겠다."

수진이 안절부절못하며 아기를 눕히고 때 묻은 이불자락을 덮어 주려 하자 준호가 수진의 손을 잡았다.

"그럼 열이 더 나게 돼. 이럴 때는 이불을 덮으면 안 돼."

"아기가 저렇게 떨고 있는데 이불을 덮으면 안 된다고? 형이 어떻게 알아?"

"내가 다섯 살 때 장염에 걸렸는데, 그때도 춥고 열이 많이 났거든. 그런데 엄마가 열 내려야 된다고 이불을 못 덮게 했어. 오히려 엄마는 나를 발가벗기고는 찬 물수건으로 계속 닦아 줬지. 으…… 얼마나 춥고 열나고 아팠던지!"

준호는 그때 생각이 나는 듯 몸서리를 쳤다. 민호도 단호한 엄마의 모습이 떠올라 덩달아 몸서리를 쳤다.

수진이 눈이 휘둥그레지며 물었다.

"발가벗겼다고?"

무심코 고개를 끄덕이던 준호는 곧 얼굴이 삶은 고구마처럼 시뻘게졌다. 민호가 준호를 놀렸다.

"어, 형 얼굴 빨개졌다."

수진이 킥 웃었다.

"뭐 어때. 다섯 살 땐데."

"맞아, 형. 다섯 살 때잖아!"

민호도 히히히 웃었다. 발가벗은 형의 모습이 자꾸만 떠올랐다.

"오빠, 그럼 아기도 옷을 벗길까?"

수진이 아기의 이불을 치우며 묻자 준호는 당황해서 손을 내저었다.

"아, 아니. 윗옷만 벗겨서 찬 물수건으로 닦아 주자."

수진이 민호와 눈을 마주치며 킥킥거렸다.

"아기는 내가 보고 있을 테니까, 오빠랑 민호랑 얼른 갔다 와. 우물가 밤나무 집이랬지?"

준호가 확인하듯 아주머니와 눈을 마주쳤다. 아주머니는 힘없이 눈을 끔뻑였다. 준호가 "다녀오겠습니다!" 하고 인사를 꾸벅하자, 아주머니는 입술을 달싹여 "고맙구나." 하고 말했다. 하지만 소리는 거의 들리지 않았다.

"빨리 가자, 형!"

민호는 이미 일어나 방문을 열고 뛰어나갔다.

준호와 민호는 아주머니가 말한 우물가를 찾아 달려갔다. 산기슭에 있는 아주머니네 집에서 마을로 향하는 길 양옆에는 하얀 나무껍질의 자작나무와 소나무*가 울창하게 자라 있어 마치 서늘한 나무 터널을 지나가는 것 같았다. 준호와 민호는 그곳을 지나 군데군데 옥수수가 자라

* **자작나무와 소나무**
평안도에서 흔히 볼 수 있는 자작나무는 한반도 북부와 중국, 시베리아 등 추운 곳에서 잘 자란다. 탈 때 '자작자작' 소리를 낸다고 하여 자작나무로 불린다. 나무의 질이 좋고 잘 썩지 않아 집을 짓거나 가구를 만드는 재료로 사용된다. 우리나라 어디에서나 흔히 볼 수 있는 소나무는 집, 가구, 농기구, 배를 만드는 재료로 쓰였으며, 땔감으로도 많이 쓰였다. 솔잎은 죽을 쑤어 먹고, 솔방울은 불쏘시개로 썼으며, 꽃가루인 송화는 약이나 음식 재료로 썼다. 소나무는 십장생의 하나로 장수를 상징하며, 나쁜 기운을 물리친다고 여겨졌다.

는 작은 밭들을 거쳐서, 마침내 집들이 듬성듬성 보이는 곳으로 들어섰다.

"저기다!"

앞서 달려가던 민호가 소리쳤다. 키 큰 나무 부근에 돌과 흙을 섞어 만든 우물*이 모습을 드러냈다. 우물가에는 아무도 없었고, 나무로 만든 두레박만 걸쳐져 있었다.

준호와 민호는 재빨리 주위를 둘러보았다. 우물가에 서 있는 나무는 모두 다섯 그루였는데, 그중 한 나무 뒤쪽으로 초가집 지붕이 보였다.

"형, 저거 밤나무 아니야?"

민호가 커다란 나무를 손으로 가리키며 말했다. 수진이

* 우물
수도 시설이 생기기 전에는 우물을 파서 땅속의 지하수를 고이게 하여 두레박으로 길어 올렸다. 양반집이나 부잣집에는 집 안에 우물을 두기도 했지만, 대개는 마을 우물을 함께 사용했다. 집집마다 마을 우물에서 물을 길어와 물독에 채워 넣고 썼다.

있었더라면 금방 알았겠지만, 준호와 민호는 생김새만 보고 그게 어떤 나무인지 알지 못했다. 다행히 우물가에는 그 집 말고는 눈에 띄는 집이 없었다.

  준호는 우물가 주변을 둘러보고는 민호에게 고개를 끄덕였다. 준호와 민호는 밤나무인 듯한 나무가 있는 집으로 달려갔다.

4. 마을에 전염병이 돌고 있다!

"계세요?"

반쯤 열려 있는 산울타리 문안으로 들어서며, 민호가 소리쳤다.

"강계댁 아줌마!"

안에서 아무 소리도 나지 않자 민호는 좀 더 큰 소리로 외쳤다. 집 안이 이상하리만치 조용했다.

민호가 고개를 갸웃거리며 중얼거렸다.

"이 집이 아닌가? 강계댁 아줌마! 아무도 안 계세요?"

민호가 다시 소리쳤지만 역시 아무 대답이 없었다. 대신 안에서 으으 하는 작고 가냘픈 소리가 새어 나왔다.

"무슨 소리지?"

민호가 고개를 빼고 귀를 기울이는 순간, 끼이익 하는 소리가 나며 툇마루 쪽 방문이 벌컥 열렸다.

"깜짝이야!"

준호와 민호는 놀라서 서로를 꽉 끌어안았다.

흰 무명옷을 입은 팔 하나가 불쑥 나타나더니, 이내 헝클어진 상투 머리가 스르르 문밖으로 모습을 드러냈다.

준호와 민호는 소스라치게 놀랐다. 하지만 자세히 보니, 햇볕에 검게 탄 쪼글쪼글한 얼굴에 광대뼈가 드러난 노인이 퀭한 눈으로 아이들을 보고 있었다.

노인이 쥐어짜는 듯한 목소리로 물었다.

"누…… 누구냐."

노인의 목소리는 들릴 듯 말 듯 작았지만, 발음만은 또렷했다.

민호가 쭈뼛거리며 대답했다.

"저기, 저쪽에 사는 아줌마가 많이 아파요. 아기도 아파요. 열이 펄펄 나요. 그래서 아줌마가 우물가 밤나무 집에 가서 강계댁 아줌마를 불러오랬어요."

그러자 방 안에서 머리가 부스스하게 헝클어진 아주머니 한 분이 고개를 내밀었다. 강계댁인 듯한 아주머니는 힘없는 목소리로 말했다.

"연이네도 아프다고?"

아주머니가 묻자 준호가 대답했다.

"네, 며칠째 누워 계셨대요. 너무 아파서 아기를 안아 줄 힘도 없어요."

아주머니는 걱정스러운 눈빛으로 다시 물었다.

"그럼 아기는……? 아기도 많이 아프더냐?"

"네, 아기도 많이 아픈 것 같아요."

민호가 다급하게 덧붙였다.

"지금 제 친구가 아기를 보고 있어요. 하지만 열이 펄펄 나고, 막 앙앙 울고 있어요. 빨리 가 봐야 해요!"

민호는 말을 하면서도 마음이 답답했다. 빨리 서두르지

않으면 아기와 아주머니가 위험할 것 같은데 노인도, 강계댁 아주머니도 영 기운이 없고 많이 아픈 것 같았다. 말도 간신히 하는데, 저런 몸으로 그 집에 가서 아기와 아주머니를 돌볼 수 있을까?

강계댁 아주머니가 안타까운 눈으로 말했다.

"어쩌누. 마음 같아서야 당장 달려가서 돕고 싶다만, 나도 며칠째 설사를 해서 기운이 하나도 없구나. 우리 집도 식구 수대로 다 앓아누웠단다. 도통 기운을 차릴 수가 없구나."

강계댁 아주머니는 말을 하는 것도 힘에 부치는 듯, 간간이 헉헉대며 숨을 몰아쉬었다.

준호와 민호는 예상치 못한 상황에 당황하여 안절부절

---

* **귀신**
옛날에는 의원이 많지 않고 약값도 비싸서 백성들은 병이 나도 의원을 찾아가지 않았다. 게다가 병에 걸린 것이 나쁜 귀신 때문이라고 여겨, 절에서 기도를 드리거나 이른 새벽에 깨끗한 물을 떠서 장독 위에 올려놓고 기도하며 귀신을 쫓으려 했다. 또 큰 병에 걸렸을 때는 점을 치거나 굿을 하거나 부적을 붙이기도 했다.

못했다. 그때 노인이 바닥을 힘없이 내리치며 탄식하듯 말했다.

"아이고아이고. 우리 마을에 귀신*이 들었나 보다. 집집마다 앓아누웠다니……."

그러고는 어두운 얼굴로 힘없이 덧붙였다.

"올봄에 서낭당* 당산나무 가지가 번개에 부러지더니, 결국 이런 일이 생기는구나. 박수무당이 굿을 하라고 할 때 들었어야 하는데……. 서낭신이 노하신 게 틀림없어."

노인은 겁에 질린 얼굴로 허공을 바라보았다.

준호와 민호는 잘 이해가 되지 않았다. 사람이 아픈 것

* 서낭당
마을을 지키는 수호신인 서낭신을 모신 곳. '성황당'이라고도 한다. 보통 마을 어귀나 고갯마루에 있으며, 주위에 신성한 당산나무와 장승, 돌무더기 등이 있다. 옛사람들은 당산나무에 서낭신이 있다고 여겨, 당산나무가 죽거나 쓰러지면 마을에 큰 재앙이 닥친다고 믿었다.

과 나뭇가지가 번개에 부러진 것이 도대체 무슨 상관이란 말인가?

강계댁 아주머니가 말했다.

"그나저나 연이네가 아프다니, 아기가 걱정이구나. 우리야 그럭저럭 견딘다지만, 백일*도 안 된 아기가 무슨 힘으로 버틸까. 참봉(조선 시대 벼슬의 하나) 어른 댁에 약초가 좀 있을 텐데. 얘들아, 그나마 너희는 몸이 성한 듯하니 참봉 어른 댁에 좀 다녀오지 않으련?"

준호와 민호는 "네!" 하고 고개를 끄덕였다. 어떻게든 연이네 아주머니와 아기에게 도움을 주고 싶었다.

강계댁 아주머니는 아이들이 왔던 길의 반대쪽을 가리

▲백설기

* **백일**
옛날에는 의술이 발달하지 않아 사람들이 쉽게 목숨을 잃었다. 태어난 지 얼마 되지도 않아 죽는 일도 많았기 때문에 아기가 태어나서 100일째에는 백일, 1년째에는 돌이라 부르며 축하해 주었다. 백일 잔칫상에는 하얀 백설기를 올렸는데, 여럿이 나눠 먹을수록 복을 받는다고 해서 길을 가는 나그네에게도 나누어 주었다고 한다.

키며 말했다.

"저 길을 따라 쭉 가면, 참봉 어른 댁이 나올 게다. 그 댁에 가면 아마 약초를 구할 수 있을 거야. 참봉 어른께 사정을 말씀드리고, 아기와 연이네한테 필요한 약초를 얻어다 주어라."

준호와 민호는 다시 옥수수와 콩이 자라는 작은 밭과 소나무와 자작나무 숲을 지나 헐레벌떡 달려갔다.

한참을 가자 초가집 한 채가 나타났다.

"아무도 안 계세요?"

준호와 민호는 헉헉대며 마당으로 들어섰다.

어찌된 일인지 그 집도 아무 대답 없이 고요했다. 게다가 집 안에서 끙끙 앓는 소리가 조그맣게 들려왔다.

준호와 민호는 이상한 생각이 들어 다급하게 마당을 가로질러 방문을 열어 보았다. 역시나 그 집도 온 식구가 드러누워 있었다.

민호가 다급하게 물었다.

"누가 참봉 어른이세요?"

한 노인이 느릿느릿 몸을 일으키려 하자, 민호가 얼른 방 안으로 뛰어 들어가 노인을 부축하여 일으켰다. 어리둥절해하는 노인에게 준호가 차근차근 그 집에 찾아오게 된 사정을 설명했다.

아이들의 말을 듣는 동안 노인의 눈에 근심이 어렸다. 누워 있던 다른 식구들도 심상찮은 느낌이 들었는지 슬금슬금 일어나 앉았다.

민호가 가쁜 숨을 몰아쉬며 말했다.

"아기가 막 울고 있고요, 아주머니는 까무러쳤어요. 어쩜 죽을지도 몰라요! 그래서 강계댁 아주머니가 참봉 어른한테 가서 약을 얻어 오랬어요!"

참봉 어른이 부들부들 떨리는 목소리로 말했다.

"대체 이게 무슨 변고인지. 나는 우리 식구들이 뭘 잘못 먹어 그런 것이거니 했는데……."

준호가 조심스레 물었다.

"참봉 어른 댁 식구들도 다 아픈 거예요?"

"그렇단다. 우리 식구들도 며칠째 설사병으로 고생하고 있어. 그런데 이렇게 집집마다 환자가 넘쳐 난다는 건……."

사색이 된 참봉 어른이 혼잣말처럼 중얼거렸다.

"마을에 병이 돌고 있는 게 아닌지……. 혹시 두, 두창?"

"들창이라뇨?"

민호가 물었을 때, 참봉 어른의 낯빛은 거의 흙빛으로 변해 있었다.

"두창. 전염병 말이다, 염병. 일단 한번 나타났다 하면, 순식간에 온 마을로 퍼져 살아남는 사람이 없다는 그 무시무시한 염병 말이야!"

준호는 머리카락이 쭈뼛 섰다. 준호가 알기로, 조선 시대에는 아직 전염병을 고치는 약이 없었다. 아무리 명의라 해도 전염병에는 속수무책이었다. 전염병은 순식간에 나라 곳곳으로 퍼져서 수많은 사람의 목숨을 앗아 갔다.

만약 참봉 어른의 걱정처럼 마을에 전염병이 돌고 있다면 아기와 연이네 아주머니, 강계댁 아주머니와 그 식구들도 모두 시름시름 앓다가 죽고 말 것이다.

"안 되겠다. 당장 구암 선생께 알려야겠어. 만약 두창*이 맞다면, 이건 우리 마을뿐 아니라 온 나라의 운명이 걸린 문제야. 애들아, 미안하다만 구암 선생님을 좀 모셔 오너라. 이 집 저 집 다니느라 힘들겠지만, 지금 몸이 성한 것은 너희들뿐이니 어쩔 수가 없구나."

준호와 민호는 하늘이 노래지는 것 같았다. 지금까지 뛰

---

* 두창
열이 나고 춥고 떨리면서 온몸에 붉은 반점이 돋는 전염병. '천연두', '마마'라고도 한다. 일단 감염되면 대부분 목숨을 잃는 데다, 순식간에 퍼져 나가서 가장 무서운 전염병 중 하나로 손꼽혔다. 옛날에는 두창 귀신의 노여움을 사서 생긴 병으로 여겼으나, 허준은 두창을 원인이 있는 병으로 보고 약을 써서 치료할 수 있다고 생각했다. 이후 정약용이 《마과회통》이라는 책에서 두창을 앓은 사람의 균으로 가볍게 두창을 앓게 하여 면역력이 생기게 함으로써 다시는 병에 걸리지 않게 하는 '인두법'을 소개했다. 두창은 근대에 이르러 지석영이 '종두법'을 보급하면서 예방 효과가 높아졌다.

어다닌 것도 모자라서 또 심부름을 하라니……! 다시 구암 선생님에게 가야 한다는 말에 준호와 민호는 그 자리에 털썩 주저앉고 싶었다. 하지만 구암 선생님이 아기와 연이네 아주머니, 마을 사람들의 목숨을 구할 수 있을지도 모른다고 생각하니 그럴 수가 없었다. 준호와 민호는 하는 수 없이 고개를 끄덕였다.

참봉 어른이 길을 알려 주었다.

"여기서 다시 강계댁네 쪽으로 되돌아가 자작나무 숲 부근에 이르면, 샛길이 하나 있을 게다. 그 샛길을 올라가면 뽕나무와 삼밭 부근에 구암 선생 댁이 보일 게야. 구암 선생을 모시고 오너라. 어서!"

돌아서는 아이들의 등 뒤에 대고 참봉 어른이 다급하게 소리쳤다.

"염병이다, 염병! 두창 같으니, 서두르시라고 해라!"

아이들은 다시 힘을 내어 달리기 시작했다.

5. 벌에 쏘이다

강계댁 아주머니 집 부근의 우물을 지나 자작나무 숲 부근에 이르렀을 무렵, 준호는 숨이 턱까지 차올라 모퉁이의 나무를 붙들고 주저앉았다. 큰길에서 숲 쪽으로 조금 들어간 곳에 뽕나무와 삼밭*으로 가는 샛길이 보였지만, 더는 버틸 수가 없었다. 온몸에 비지땀이 흐르고 다리가 후들거렸다. 짚신을 신은 발바닥은 불이 날 지경이었다.

앞서 가던 민호가 달려와 숨을 몰아쉬며 말했다.

"형, 힘들어? 안 되겠다. 형은 아기네 집에서 좀 쉬고 있어. 내가 수진이랑 갔다 올게. 달리기는 수진이가 훨씬 잘하잖아."

준호는 마지못해 고개를 끄덕였다. 어떻게든 참고 가려 했지만, 아무래도 무리였다. 준호는 민호를 따라 아기네로 휘적휘적 달려갔다.

마당으로 들어섰는데도 아기 울음소리가 들리지 않았다. 혹시 그사이에 아기한테 무슨 일이라도 일어난 걸까?

"수진아!"

준호와 민호는 동시에 소리치며 집 안으로 뛰어 들어갔다.

"쉿!"

준호와 민호를 발견한 수진이 둘을 조용히 시키고는 헝겊에 물을 적셔 아기의 몸을 마저 닦아 주었다. 아기는 울

▲누에고치

* 뽕나무와 삼밭
북부의 산간 지방에서는 기름진 땅과 물이 부족해 농사짓기가 힘들었다. 그래서 밭농사를 지으면서 뽕나무와 삼을 길렀다. 뽕잎으로 누에를 먹여 누에고치에서 뽑은 명주실로 비단을 짰고, 삼에서 뽑은 실로는 삼베를 짰다. 산간 지방 사람들은 이렇게 짠 옷감을 내다 팔거나 세금으로 냈다.

다 지쳐 쌔근쌔근 숨소리를 내며 잠들어 있었다.

민호가 소리를 낮추고 속삭이듯 말했다.

"수진아, 나랑 구암 선생님한테 갔다 오자. 형이 너무 지쳤어. 그리고 네가 우리 형보다 더 빠르잖아."

수진이 고개를 들었다.

"구암 선생님? 거긴 왜? 밤나무 집 강계댁 아줌마는 모시고 왔어?"

"어휴, 말하자면 길어. 아무튼 어서 구암 선생님을 모셔 와야 돼! 지금 이 마을에 전염병*이 돌고 있대."

"뭐, 전염병!"

수진이 눈이 휘둥그레지며 나지막이 외쳤다.

---

* **전염병**

물이나 공기를 통해 쉽게 병균이 옮는 병으로 '돌림병', '염병', '역병'이라고도 한다. 전염병이 돌면 많은 사람들이 목숨을 잃어 옛날에는 전쟁보다 무서운 것으로 여겼다. 전염병은 주로 흉년이 들거나 전쟁이 났을 때 급속히 퍼졌다. 전염병의 정확한 원인을 몰랐던 과거에도 병에 걸린 사람들을 격리시키거나 전염병이 도는 마을의 출입을 막고, 나라에서 운영하는 의료 기관인 활인서 등에서 환자들에게 죽이나 먹을 것을 나누어 주는 등 병을 치료하려는 노력이 있었으나 효과는 크지 않았다.

"그래, 전염병. 급해. 빨리 가자."

민호가 다그치자, 수진은 얼떨결에 손에 들고 있던 헝겊을 준호에게 건네고 자리에서 일어났다.

"아기는 내가 잘 돌보고 있을게. 조심해서 다녀와. 덤벙대다 넘어지지 말고."

땀에 흠뻑 젖은 얼굴로 준호가 숨을 고르며 말했다.

민호는 준호의 창백한 얼굴빛이 걱정스러운 듯 밖으로 나가다 말고 휙 돌아서서 준호를 구석으로 끌고 갔다.

민호가 다급하게 속삭였다.

"형, 아기랑 아줌마한테 너무 가까이 가지 마. 전염병이라잖아. 옮으면 어떡해."

그러고는 주위를 두리번거리다 헝겊 쪼가리 하나를 주워 들더니 수진에게 말했다.

"이거, 우리 형한테 좀 묶어 줘."

수진이 날랜 손길로 헝겊을 세모꼴로 접어 준호의 입 주위에 댄 다음 머리 뒤쪽에서 단단히 묶었다.

민호가 킥킥거렸다.

"형, 그러고 있으니까, 꼭 강도 같다. 그래도 하는 수 없어. 마스크 대신 그거라도 쓰고 있어."

준호는 난처한 표정을 지었다. 하지만 정말 전염병이 돌고 있다면 옮을 수 있으니, 민호가 시키는 대로 하는 게 좋을 것 같았다.

"형, 아기랑 아주머니한테 너무 가까이 가지 마. 좀 떨어져서 닦아 줘. 알겠지?"

민호는 단단히 이르고는 수진과 함께 부리나케 구암 선생님 댁으로 떠났다. 하지만 자작나무 숲 부근에 이르기도 전에 다리에 힘이 풀렸다. 그렇게 이곳저곳을 뛰어다녔으니, 제아무리 민호라 해도 힘이 빠질 수밖에 없었다.

민호는 뛰기는커녕 걷기도 힘들어 끙끙댔다.

"야, 왜 그래? 빨리 와!"

앞서 가던 수진이 소리쳤지만, 민호는 점점 더 뒤로 처졌다.

자작나무 숲 부근의 샛길에 접어들 무렵, 민호는 그만 바닥에 털썩 주저앉았다.

"어휴, 힘들어서 못 가겠어. 다리가 너무 아파. 한 발짝도 못 움직이겠어!"

멀리 뽕나무와 삼밭이 길게 뻗어 있는 것이 보였지만, 민호는 아예 퍼질러 앉고 말았다. 온몸이 땀으로 번들거렸다.

"아, 어떡해! 많이 힘들어? 못 뛰겠으면 걸어서라도 가

자. 응?"

하지만 민호는 완전히 지친 표정으로 고개를 설레설레 저었다. 주위는 온통 숲과 밭이었고, 가도 가도 끝없는 산길뿐이었다. 민호는 다시 일어날 기운도, 마음도 바닥났다. 짚신 사이로 비어져 나온 발가락도 지친 듯 맥없이 꼬부라져 있었다.

땀에 젖어 헐떡대는 민호를 보니, 수진도 더는 재촉할 수가 없었다. 그렇다고 민호를 내버려 두고 혼자 구암 선생님 댁에 다녀올 수도 없었다. 그 집이 정확히 어디인지도 모르는 데다, 전염병이 돈다는 것만 알 뿐 구암 선생님한테 무슨 말을 전해야 하는지도 몰랐다.

숲과 밭으로 둘러싸인 주위를 둘러보던 수진은 길섶의 하얀 은방울꽃 덤불 너머에 열려 있는 산딸기를 발견하고는 얼른 다가갔다. 푸른 이파리 사이로 빨갛게 익은 산딸기가 고개를 빼꼼 내밀고 있었다.

수진은 은방울꽃 덤불을 헤치고 이파리 사이에 숨어 있

는 산딸기들을 똑똑 따서 손에 담았다. 그러고는 길바닥에 주저앉아 있는 민호에게 산딸기를 내밀었다.

"어, 딸기다!"

민호의 입이 헤벌쭉 벌어졌다. 민호는 수진이 준 산딸기를 게걸스레 먹어 치웠다. 새콤달콤한 산딸기를 먹으니 힘이 절로 나는 것 같았다.

"맛있지? 이제 좀 살 것 같아?"

"응. 어디서 났어?"

민호가 눈을 반짝이며 묻자 수진이 은방울꽃 덤불 쪽을 가리켰다. 민호는 "더 따 먹어야지!" 하며 덤불 쪽으로 냉큼 달려가 수풀에 머리를 박고 숨어 있는 산딸기들을 따기 시작했다.

그때였다. 은방울꽃 주위에 있던 벌 한 마리가 민호 주위를 붕붕거리며 맴돌았다. 벌 소리에 놀란 민호가 산딸기를 따던 손길을 멈추었다.

"움직이지 마!"

수진이 다급하게 소리쳤다. 꼼짝도 못 하고 덜덜 떨며 눈알만 굴리고 서 있던 민호가 갑자기 기겁을 하며 눈을 크게 떴다. 벌이 코앞에서 "웨에앵!" 날아올랐다.

"으악, 저리 가!"

민호는 놀라서 팔을 마구 휘저었다.

"안 돼!"

수진이 소리쳤지만, 이미 늦었다. 민호의 갑작스런 움직임에 놀란 벌이 민호를 향해 달려들어 이마를 쏘았다.

"악!"

민호는 비명을 지르며 주저앉았다. 한순간 전기가 통한 것처럼 찌릿하더니, 잇달아 온몸으로 끔찍한 통증이 퍼졌다. 민호는 몸을 잔뜩 웅크린 채 머리통을 감싸 쥐고는 "으아아!" 소리를 지르며 엉엉 울었다.

"많이 아파? 어디 좀 봐."

민호가 간신히 고개를 들었다. 얼굴을 잔뜩 찌푸린 채 눈물을 줄줄 흘리고 있었다. 그 얼굴만 봐도 민호가 얼마

나 아플지 알 수 있었다. 울어서 새빨개진 민호의 얼굴 가운데서도 오른쪽 눈썹 위가 혹이 난 것처럼 빨갛게 부풀어 올라 있었다.

"누, 눈이 안 떠져!"

벌에 쏘인 자리가 점점 부풀어 눈두덩까지 통통 부어오르면서 눈꺼풀을 짓누르고 있었다. 민호의 얼굴은 엉망진창으로 일그러져 몰골이 말이 아니었다.

"벌에 쏘인 자리가 부어서 그래. 아, 어떡하지? 이럴 땐 얼음찜질을 해야 하는데……. 울지 마. 울면 더 부어."

그렇게 말하는 수진도 민호와 같이 울고 있었다. 민호가 너무 불쌍하고, 어찌 해야 좋을지 몰라서 무서웠다.

"엉엉! 아파! 머리에서 불이 난 것 같아. 눈도 안 보여!"

"아, 어떡해, 빨리 치료해야 하는데. 어떡해, 어떡해!"

민호는 주위가 떠나가도록 큰 소리로 울었지만, 아무도 도와주러 오는 사람이 없었다. 민호와 수진의 옆에는 나무와 풀과 새와 벌레들뿐이었다.

문득 수진이 소리쳤다.

"맞아, 구암 선생님!"

수진의 눈에 희망이 어렸다.

"그분이 의원이라고 했지? 빨리 구암 선생님한테 가자. 그분이 치료해 주실 수 있을 거야!"

의원이며 치료라는 말에 민호는 눈물을 뚝 그치고 수진을 보았다.

"가자! 어서 구암 선생님네로. 어서!"

수진이 샛길로 민호의 손을 잡아끌었다.

6. 구암 선생님, 큰일 났어요!

수진과 민호는 구암 선생님 앞에 앉아 있었다. 민호는 퉁퉁 부은 얼굴로 오만상을 찌푸리며 연신 "아, 아파요." 하고 비명을 내질렀다.

"벌에 쏘였구나."

상투가 허연 구암 선생님이 민호의 얼굴을 찬찬히 들여다보며 다정하게 말했다.

"너무 아파요, 할아버지. 죽을 것 같아요. 엉엉!"

민호는 닭똥 같은 눈물을 뚝뚝 흘렸다. 구암 선생님이 "이런, 이런……." 하며 손으로 민호의 뺨을 닦아 주었다. 손에서 한약 냄새가 났다.

"조금만 참아라. 금방 가라앉을 게다."

구암 선생님은 그렇게 말하고는 방에서 작고 기다란 원통을 갖고 나왔다.

민호가 원통에 든 침을 보고는 기겁했다.

"악! 서, 설마, 그그그, 그걸로 찌르려는 건 아니죠? 안 돼요! 싫어요! 침 안 맞을래요. 약초 같은 거 붙이면 안 돼요? 제발요, 할아버지, 침 말고 다른 걸로 고쳐 주시면 안 돼요?"

수진이 민호를 달랬다.

"그냥 따끔하기만 한 거야."

구암 선생님이 엄한 목소리로 꾸짖었다.

"네가 아직 덜 아프구나! 얌전히 있지 못할까!"

민호가 비명 대신 닭똥 같은 눈물을 후두둑후두둑 떨구는 사이에 구암 선생님은 능숙한 손놀림으로 민호의 이마에 있던 벌침을 쑥 빼냈다.

"됐다. 벌침을 빼냈으니, 금방 가라앉을 게다."

수진이 구암 선생님의 솜씨에 놀라 존경스러운 눈빛으로 바라보았다.

구암 선생님은 방금 벌침을 빼낸 자리를 물로 깨끗이 닦아 내고는 작은 원통에서 가느다란 침을 꺼내 민호의 팔과 얼굴에 놓았다. 그렇게 비명을 질러 대던 민호가 어느새 울음을 그치고 가만있었다.

수진이 걱정스러운 얼굴로 민호에게 물었다.

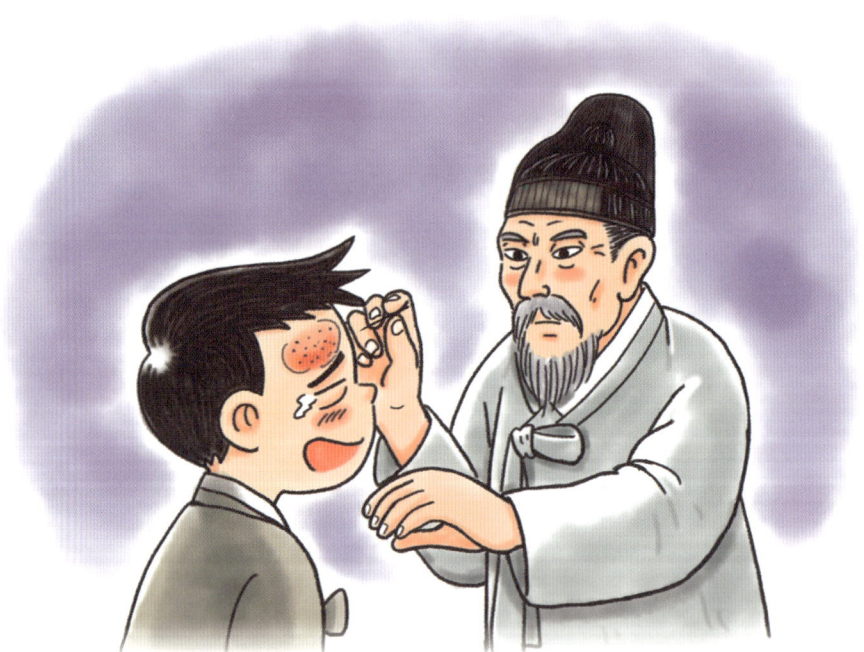

"어때? 이제 좀 괜찮아?"

민호는 눈물을 글썽이며 고개를 끄덕였다. 벌침을 빼내고 침을 놓자 이마와 눈에서 불이 날 것 같은 느낌이 사라지고, 아픈 것도 거짓말처럼 가라앉았다. 여전히 이마가 부어 있긴 했지만, 말 그대로 죽다가 살아난 기분이었다.

민호는 신기해서 이마를 살며시 만져 보았다.

"만지지 마라."

구암 선생님이 타이르듯 말했다.

민호는 얼른 손을 내렸다. 그러고는 다소곳이 두 손을 마주 잡고 구암 선생님을 우러러보았다. 그 순간 민호의 눈에는 구암 선생님이 하느님보다 더 훌륭해 보였다.

구암 선생님의 주름진 얼굴에 인자한 웃음이 떠올랐다.

민호는 자기도 모르게 흐음 한숨을 내쉬었다.

"아참, 할아버지, 큰일 났어요!"

수진이 그제야 생각난 듯 손을 마주치며 소리쳤다. 지금 마을에 전염병이 돌고 있다는 것과 어서 구암 선생님을 모시고 가야 한다는 사실이 퍼뜩 떠오른 것이다.

구암 선생님은 민호 때문에 그러는 줄 알고 태연히 말했다.

"괜찮다. 벌에 쏘인 건 금방 낫는다."

그러고는 썰어 놓은 약초를 저울로 재서 종이에 담았다.

"아니, 그게 아니고요, 지금 마을에 큰일이 났어요. 전염병이 돌고 있대요!"

수진의 말에 민호도 퍼뜩 생각난 듯 소리쳤다.

"맞아요, 마을 사람들이 다 아파요. 제가 아기네랑 강계댁 아줌마네, 그리고 음…… 참참 어른네랑 다 가 봤는데요, 온 식구가 몽땅 누워 있었어요. 염병이래요, 들창요!"

순간 구암 선생님이 일손을 뚝 멈추었다.

"지금 뭐라 했느냐? 두창이라고?"

"아, 맞다, 두창! 그래서 참참 어른이 빨리 구암 선생님을 모셔 오라고 했어요!"

구암 선생님의 낯빛이 어두워졌다.

마른침을 삼킨 구암 선생님이 민호에게 물었다.

"병증이 어떻더냐? 어떻게 아픈 것 같더냐? 자세히 말해 보아라."

민호와 수진은 몸짓을 섞어 가며 닥치는 대로 말했다.

"아기가 열이 펄펄 나요!"

"계속 설사를 한대요. 밤새 막 토하고요!"

"아기가 막 우는데, 아줌마가 안아 주지도 못해요. 기운이 없어서요!"

"그래서 지금 우리 형이 아기를 돌보고 있어요."

"고열에 설사라면 두창의 병증이긴 한데……. 이거 큰일이로군."

구암 선생님은 근심이 가득한 표정으로 혼잣말을 하더니, 빠른 손놀림으로 약을 마저 싼 다음 차곡차곡 쌓아 노끈으로 묶었다.

"내가 빨리 가 봐야겠다. 좀 있으면 장 초시 댁에서 약을 가지러 올 텐데, 그때까지 기다릴 수가 없구나. 너희가 여기 있다가 이 첩약*을 좀 전해 주고, 뒤따라오너라."

구암 선생님은 황급히 약장에서 필요한 약재들을 꺼내 종이에 쌌다. 그러고는 방으로 들어가 봇짐을 꺼내 침과 쑥뜸 도구*를 챙겼다.

"도와 드릴까요?"

수진이 묻자 구암 선생님이 보자기를 건네며 말했다.

"이 약재들을 보자기에 좀 싸 주겠느냐?"

그러고는 민호와 수진이 약재를 보자기에 싸는 사이에 갓과 두루마기를 챙겨 댓돌로 내려섰다.

"그 보따리들은 너희가 가져오너라. 먼저 아기와 아기 엄마가 아프다는 집이 어디쯤이냐?"

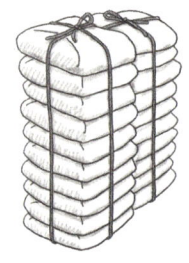

* 첩약
환자의 증상을 다스릴 여러 가지 약재를 잘게 썰어 종이로 싼 것. 한약은 주로 마른 약재를 물에 넣고 달여 그 물을 마시는데, 한 번에 달여 먹을 분량만큼을 종이에 싼다. 이것을 '첩'이라고 한다. 보통 약을 지을 때 20첩씩 끈으로 묶어 꾸러미를 만들며, 이 20첩의 약 뭉치를 '제'라고 한다. 곧 약 '한 제'는 20첩의 약 꾸러미를 가리킨다.

민호가 대답했다.

"저 길로 계속 쭈우욱 가다가 오른쪽으로 꼬부라지면, 얼마 안 가서 아기 우는 소리가 들릴 거예요. 바로 그 집이에요."

구암 선생님이 황당한 표정을 지었다.

"아기가 우는 집이라니······. 만약 아기가 울지 않으면, 그 집을 어찌 찾는단 말이냐?"

방 안에서 보자기를 싸던 수진이 소리쳤다.

"산기슭에 그 집밖에 없으니까, 쉽게 찾으실 거예요. 이 길 끝의 삼거리에서 오른쪽으로 가시면 돼요."

구암 선생님이 서둘러 집을 나서자, 민호와 수진은 신기

▲ 뜸

* **침과 쑥뜸 도구**
침과 뜸은 한의학의 기본 치료법이다. 한의사들은 몸 안에서 기운이 지나다니는 통로인 경락에 침을 놓거나 뜸을 떠서 막힌 데를 뚫고 기운을 북돋아 병을 치료했다. 침술은 뾰족한 침을 찔러 치료하고, 뜸은 마른 쑥 같은 약재를 곱게 빻아 꼭꼭 다진 작은 뭉치를 살갗에 올려놓고 불을 붙여 경락에 따뜻한 기운을 불어넣어 치료한다.

한 듯 집 안을 둘러보았다. 처음 이 집에 왔을 때는 민호가 아파서 아무것도 눈에 들어오지 않았는데 소쿠리에 담긴 풀과 나무뿌리, 멍석에 널려 있는 약초들이 집 안 곳곳에서 진한 향을 풍기고 있었다.

마당의 약탕기에서 나는 진한 한약* 냄새며 작두, 절구, 맷돌, 약탕기, 약저울을 보니 영락없는 의원 댁이었다. 방 안에는 인체 그림*이 붙어 있고 작은 서랍마다 한자로 약 이름이 쓰여 있는 약장이 놓여 있었다. 툇마루에는 약을 쌀 종이들이 돌멩이에 눌려 있었으며, 처마 끝에는 약 주머니와 마른 나뭇가지와 풀 따위가 엮인 꾸러미들이 주렁주렁 매달려 있었다.

구암 선생님 댁에는 책도 많았다. 한쪽 벽 전체가 책장

---

* 한약
한의학에서는 자연에서 나는 여러 가지 풀과 나무뿌리, 곤충, 동물 등을 말려서 약으로 쓴다. 자연에서 나는 재료의 특성을 파악하여 약으로 쓰는 것이다. 한약은 피부에 직접 발라 치료하는 '외용약'과 먹어서 치료하는 '내용약'으로 나뉜다. 내용약은 약탕기에 물과 약재를 넣고 오랫동안 달여 그 액을 마시거나 약재 가루를 둥근 환으로 만들어 오랫동안 두고 먹었다.

이었는데, 한지로 만든 책들이 책장 가득 놓여 있었다.

"와, 책 되게 많다!"

민호는 책을 한 권 슬쩍 꺼내 펼쳐 보았다. 처음부터 끝까지 한자만 빽빽이 쓰여 있었다. 눈이 핑핑 돌았다.

"아이고, 머리야! 이건 우리 형이 봐도 모를 거야. 아니, 우리 아빠가 봐도 모를걸!"

식물에 관심이 많은 수진은 마당의 멍석에 널려 있는 약초들을 꼼꼼히 살펴보며 냄새도 맡아 보고 입에 넣고 씹어 보기도 했다.

"이건 쑥인가 보다."

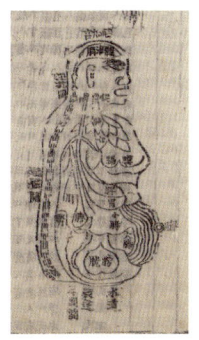

* 인체 그림

사람 몸의 장기를 그린 그림. 몸의 생김새(신형)와 내장 기관들인 오장육부(장부)가 그려져 있어 '신형장부도'라고 한다. 머리와 몸통, 간, 심장, 폐, 신장, 비장의 다섯 가지 내장과 뱃속에 있는 여섯 가지 기관 가운데 위, 작은창자, 큰창자, 쓸개, 방광이 그려져 있다. 특히 신형장부도에는 인체의 가장 중요한 정기가 움직이는 길이 잘 표현되어 있으며 대변과 소변이 나오는 길도 그려져 있다. 허준이 쓴 《동의보감》의 본문도 신형장부도로 시작된다.

쑥의 향기와 쌉싸름한 맛이 느껴지자 수진이 눈을 깜빡이며 맛을 음미했다. 그 순간 등 뒤에서 싹둑 소리가 났다. 돌아보니, 민호가 작은 작두로 뭔가를 썰고 있었다.

"우와, 되게 잘 든다! 나뭇가지가 단번에 잘렸어!"

수진이 코웃음을 쳤다.

"무식하게 나뭇가지가 뭐야? 약초겠지. 조심해! 잘못하면 손가락이 잘릴 수도 있어."

민호는 깜짝 놀라 약초를 잡고 있던 손을 쏙 뺐다. 그러고는 소심하게 두 손으로 작두 손잡이를 잡고 살짝 눌러 보았다.

그때였다.

"이리 오너라!"

밖에서 누군가 외치는 소리가 났다.

"어, 왔나 보다!"

민호와 수진은 산울타리 문으로 쌩하니 달려 나갔다.

검은 갓을 쓰고 팔자수염을 기른 남자가 하인을 앞세우

고 산울타리 문 앞에 서 있었다.

"엉? 이, 이리 오너라!"

집에서 구암 선생님이 아닌 아이들이 나오자 하인이 당황해서 좀 더 큰 소리로 외쳤다.

하인을 앞세운 남자가 그만두라는 듯 손을 내저었다. 그러고는 "어험, 어험!" 하고 헛기침을 하며 두어 발 앞으로 나섰다. 꽤나 부자인 듯 번쩍이는 비단 두루마기에 멋진 가죽신을 신고 있었다.

"구암 선생 계시는가?"

남자의 말투며 태도에는 거만함이 잔뜩 배어 있었다.

"지금 안 계세요. 혹시 아저씨가 장 초시*예요?"

민호가 대뜸 묻자 하인이 눈을 부릅뜨고 발을 쿵 굴렀다.

* 초시
조선 시대에 나라에서 일할 사람을 뽑는 과거는 보통 3차 시험까지 치렀는데, 2차 시험까지 합격해야 벼슬을 할 수 있었다. 초시는 그 가운데 1차 시험에 합격한 사람을 일컫는 말이다.

"어허, 무엄하다! 어린 것이 묻는 말에 공손히 대답이나 할 것이지, 감히 초시 어른께 무슨 말버릇이야!"

장 초시는 다시 "어험, 어험!" 헛기침을 했다.

수진이 툇마루에 있던 약 꾸러미를 가져와 장 초시에게 건넸다.

"이거요. 구암 선생님이 장 초시 어른께 전하랬어요."

하인이 수진을 아래위로 훑어보며 약 꾸러미를 받아 들었다.

"구암 선생은 어디 가고, 네가 약을 전하는 게냐?"

장 초시가 짐짓 못마땅한 얼굴로 묻자 수진이 대답했다.

"마을에 아픈 사람이 있어서 보러 가셨어요."

* **진맥**

한의사는 환자의 상태를 살펴볼 때 주로 손목의 맥박이 뛰는 곳을 살며시 눌러 맥을 살피는데, 이것을 '진맥'이라고 한다. 맥이 뛰는 속도와 세기, 간격 등으로 건강 상태를 알아내는 것이다. 《동의보감》에는 구슬이 굴러가듯 뛰는 맥은 활맥, 있는 듯 없는 듯 몹시 약하게 뛰는 맥은 미맥 등으로 맥의 종류를 스물일곱 가지로 정리해 놓았다.

그러자 장 초시가 벌컥 소리쳤다.

"뭐라고! 내가 그만큼 우리 집에 들러 진맥*을 좀 해 달라고 해도, 자기는 귀양살이*를 하는 처지라 함부로 다닐 수 없다더니! 하여 내 몸소 예까지 왔거늘! 뭣이, 마을에 병자를 보러 갔다고? 이런 괘씸한지고!"

민호와 수진은 입을 삐죽이며 장 초시를 쳐다보았다. 장 초시의 팔자수염이 파르르 떨리고 있었다.

수진이 얼른 사정을 말했다.

"마을 사람들이 모두 아파서 도저히 여기에 올 수가 없거든요. 그래서 구암 선생님이 가신 거예요."

하지만 장 초시는 노발대발했다.

---

* **귀양살이**
큰 죄를 지은 사람을 고향에서 멀리 떨어진 낯선 곳으로 보내 그곳에서 살게 한 벌. 사형 다음으로 무거운 벌로, '유배', '유배형'이라고도 한다. 귀양은 죄가 무거울수록 더 멀리 보냈다. 귀양지까지 가는 데 드는 돈도 대개 죄인이 직접 부담했다. 이 때문에 귀양을 가는 데 재산을 다 쓰는 경우도 있었다. 귀양 온 죄인은 한 달에 두 번 관아에 가서 자신이 도망치지 않았음을 보여 줘야 했으나, 나머지 시간은 자유롭게 지냈다.

"뭐라! 내 집에는 못 오면서, 거기는 갈 수 있다더냐! 괘씸한지고! 그 집이 어디냐? 얘, 돌쇠야, 가서 당장 구암 선생을 데려오너라! 내 앞으로, 당장!"

"지금 당장요?"

하인이 쭈뼛거리며 묻자 장 초시는 더욱 길길이 뛰었다.

"이 멍청한 녀석, 몇 번을 말해야 알아듣겠느냐! 이 아이들하고 같이 가서, 지금 당장 구암 선생인지 뭔지를 끌고 오란 말이다! 당장!"

수진은 어이가 없어서 입을 벌리고 장 초시를 쳐다봤다.

그때 민호가 장난기 가득한 눈을 되록되록 굴리며 대단한 비밀이라도 이야기하듯 소리를 낮추어 속삭였다.

"전염병이랬는데……. 염병이요!"

하인의 눈이 왕방울만 해졌다.

장 초시는 "여, 여, 여, 염병이라고?" 하고 말을 더듬었다. 어찌나 놀랐는지 금방이라도 눈이 툭 튀어나올 것 같았다.

"네, 두창이랬어요."

수진이 민호에게 찡긋하며 대답하자 장 초시는 팔자수염 사이로 "두, 두창!" 하고 침을 튀겼다. 그러고는 사시나무 떨듯 온몸을 떨며 "도도도도, 돌쇠야!" 하고 돌아섰다.

"가, 가, 가자!"

장 초시가 후들거리는 다리로 하인을 데리고 허둥지둥 내뺐다. 멋진 가죽신과 비단 두루마기에도 장 초시의 뒷모습은 한없이 볼품없어 보였다.

민호와 수진은 킥킥대며 웃었다.

"어때, 내 솜씨가?"

민호가 뻐기듯이 말하자 수진이 큰 소리로 깔깔 웃었.

장 초시가 허겁지겁 내빼는 꼴을 보니 고소했다.

"이제 아기네 집으로 가자!"

수진과 민호는 구암 선생님이 당부했던 약재 꾸러미를 나눠 들고 서둘러 달려갔다.

7. 어, 고깃국 냄새다!

구암 선생님은 샛길을 지나 산기슭 쪽으로 접어들었다. 하지만 아이들이 말한 집은 도통 나타나지 않았다. 이 길로 계속 가면 아기 울음소리가 들릴 거라고 했는데, 아기 울음소리는커녕 개 짖는 소리도 나지 않았다.

구암 선생님은 주변을 두리번거리며 걸음을 옮겼다. 한참 뒤 완만한 비탈을 따라 산길이 시작되는 곳 부근에 이르자 허름한 초가집 한 채가 나타났다. 구암 선생님은 지팡이를 짚고 초가집을 살펴보았다. 아기 울음소리는 들리지 않았지만, 주변에 다른 집이 없는 것으로 보아 아이들이 말한 집 같았다.

"계십니까?"

구암 선생님이 소리치며 마당 안으로 들어섰다.

곧 방문이 덜컹 열리더니, 복면을 한 소년이 뛰어나왔다. 준호였다.

"구암 선생님이세요?"

준호는 눈으로 수진과 민호를 찾아 두리번거렸다.

"네가 그 아이들 형이로구나. 네 아우들은 곧 따라올 게다."

구암 선생님은 짚신을 벗고 서둘러 방으로 들어갔다. 그러고는 아기와 아주머니의 맥을 짚으며 상태를 살폈다.

"우선 부엌에서 물을 좀 끓여라."

구암 선생님의 말에 준호는 얼른 부엌으로 달려갔다. 부엌 구석에 때다 남은 나뭇가지며 장작이 있었다. 항아리에 물도 있고 아궁이에 가마솥도 걸려 있었다. 하지만 정작 아궁이에 불씨가 하나도 없었다. 나뭇가지에 불을 붙이려면 성냥이나 라이터가 있어야 하는데, 과거에 그런

물건이 있을 리 없었다.

준호는 난감한 얼굴로 아궁이 속을 들여다보다가 다시 방으로 들어갔다.

"저어, 불을 어떻게 피워야 할지 모르겠어요."

준호가 머뭇거리며 말하자 구암 선생님이 돌아보았다.

"아궁이에 불씨가 없더냐?"

"네, 재만 있어요."

구암 선생님은 아주머니에게 놓은 침을 잠시 들여다보고는 자리에서 일어나 부엌으로 나갔다. 아궁이의 재를 살펴본 구암 선생님은 말없이 장작 두어 개를 아궁이 속에 집어넣고는 그 사이에 가느다란 나뭇가지 몇 개를 꺾어 올려놓았다. 그러고는 굵은 나뭇가지로 아궁이의 재를 들쑤시며 후후 하고 불었다. 그러자 놀랍게도 작은 불꽃이 솔솔 올라왔다.

준호는 신기해서 눈이 둥그레졌다. 도대체 어떻게 했기에 재만 있던 아궁이에서 불꽃이 올라온 걸까?

이내 가느다란 나뭇가지에 불이 붙으며 연기가 피어오르자 구암 선생님은 부지깽이로 쓰던 나뭇가지를 준호에게 건넸다.

"다행히 불씨가 아직 살아 있었구나. 불길이 다 올라오거든 나무를 조금씩 넣어라. 한꺼번에 너무 많이 넣으면 불이 꺼질 수 있으니 조심해야 한다. 그런 다음 가마솥*에 물을 부어라."

아궁이에서 매캐한 연기가 피어올랐다.

"물은 가마솥 가득 끓일까요?"

구암 선생님이 고개를 끄덕이며 부엌문을 나섰다. 그 순

＊ 가마솥
밥을 짓거나 국 따위를 끓이는 데 쓰는 크고 우묵한 쇠솥. 두께가 두꺼워 달구어지는 데 시간이 오래 걸리는 대신, 음식이 잘 타지 않고 열이 오래 보존되어 쉽게 식지 않는다. 무거운 솥뚜껑이 수증기를 가두어 압력밥솥처럼 밥이 빨리 익고 맛이 좋다. 크고 무거워서 부뚜막에 걸어 두고 사용했으며, 짚이나 수세미로 닦고 물로 헹구어 썼다.

간 경쾌한 목소리가 공기를 갈랐다.

"할아버지!"

민호와 수진이 구암 선생님을 보고 마당으로 반갑게 뛰어왔다.

준호는 밖을 내다보고 싶었지만, 불이 꺼질까 봐 아궁이 앞을 떠날 수가 없었다. 매운 연기 때문에 눈물을 흘리고 콜록콜록 기침을 하면서도 준호는 아궁이 앞을 지켰다.

"빨리 약을 갖다 드리려고 막 달려왔어요!"

"허허허, 기특하구나!"

구암 선생님은 아이들이 들고 온 약재 꾸러미들을 툇마루에 내려놓고는 서둘러 방으로 들어갔다.

그새 살짝 눈을 뜬 아주머니가 희미한 신음을 냈다.

"정신이 좀 드시오?"

구암 선생님이 묻자 아주머니는 눈을 좀 더 크게 떴다.

"네에, 고맙습니다, 의원님. 한데 우리 아기는요?"

그러고 보니 아기 울음소리가 들리지 않았다.

"혹시 우리 아기가……."

아주머니의 얼굴이 파랗게 질렸다. 아주머니가 퀭한 눈을 두리번거리며 손으로 허공을 더듬자, 구암 선생님이 아주머니의 손을 잡아 아기의 뺨에 얹어 주었다.

"아주머니가 너무 위중해서, 먼저 치료를 했소. 이제부터 이 녀석을 치료할 참이오. 열이 그리 심하지 않으니 크게 위험하지는 않을 것이오."

구암 선생님은 윗옷을 벗은 채 곤히 잠든 아기를 살펴보았다.

"누가 이렇게 아기의 옷을 벗겨 놓았느냐?"

민호가 구암 선생님의 눈치를 보며 대답했다.

"우리 형이요. 열이 날 때는 이렇게 해야 한대요."

"으음, 잘했다."

뜻밖에도 구암 선생님은 그렇게 말했다. 민호와 수진은 자신들이 칭찬을 받은 것처럼 벙긋 웃었다.

"몸이 오슬오슬 춥고 떨리더라도 열이 떨어지게 하려

면, 이렇게 옷을 벗겨 놓는 게 좋다."

민호와 수진은 비어져 나오는 웃음을 참느라 입꼬리가 씰룩거렸다.

"제가 찬물로 계속 닦아 주었더니, 아기가 울음을 그치고 잠들었어요."

수진이 자랑스레 말하자 구암 선생님이 빙긋 웃었다.

"어린 것들이 기특하구나."

그러고는 아기를 부드럽게 쓰다듬으며 침*을 놓았다.

민호는 마치 자기가 침을 맞는 듯 "으…….", 하고 몸서리를 쳤다. 아기는 잠시 옴찔하더니 곧 숨소리가 전보다 한결 편안해졌다.

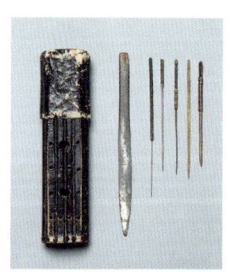

* 침

바늘처럼 가늘고 끝이 뾰족한 의료 기구. 침은 오랜 옛날부터 사용되었는데, 원시 시대에는 돌이나 동물 뼈 등을 갈아서 송곳이나 쐐기 모양으로 만들어 썼다. 철기 시대부터는 단단한 쇠로 침을 만들었으며, 아주 작은 것부터 큰 대침까지 크기가 다양하다. 곪은 데를 째는 데 쓰는 피침(바소)과 피부를 얕게 찔러 피를 뽑는 데 쓰는 참침 등 모양과 종류도 여러 가지다.

"언제부터 아팠소? 어디가 어떻게 아픈 게요?"

구암 선생님이 다시 아주머니를 살펴보며 묻자, 아주머니가 마른침을 삼키고는 아기의 손을 살며시 그러쥐며 말했다.

"엊그제부터 계속 토하고 설사를 해요. 물만 마셔도 배가 끓어질 듯 아프고……."

"춥고, 열나고, 머리가 아프시오?"

아주머니가 고개를 끄덕였다. 구암 선생님은 침착하게 묻고 있었지만, 얼굴에 초조한 빛이 또렷했다.

"일단 토하고 설사를 했다 하니 다행이오. 안 그러면 몸의 기운이 막혀 더욱 위험했을 것이오. 혹시 몸에 붉은 반점이 생겼거나 물집이 잡히지는 않았소?"

구암 선생님은 아주머니의 손과 팔뚝이며 얼굴과 목덜미께를 살펴보았다.

"어젯밤에 두드러기 같은 게 났는데……. 지금은 좀 가라앉았어요."

구암 선생님이 앓아눕기 전에 무엇을 먹었느냐고 묻자 아주머니는 "된장, 보리죽……." 하고 말했다. 하지만 곧 힘에 부친 듯 한숨을 내쉬더니 스르르 눈을 감았다.

구암 선생님이 말했다.

"서둘러야겠다. 속히 병의 원인을 찾아야 하니, 너희는 마을로 가서 사람들에게 요 며칠간 무엇을 먹었는지, 언제부터 아팠는지, 어디가 아픈지 물어보고 오너라."

"할아버지, 그런데 우리 형은 어디 갔어요? 할아버지가 심부름 보내셨어요?"

민호가 묻자 구암 선생님이 대답했다.

"부엌에서 불을 피우고 있을 게다. 같이 가 보자."

준호는 장작에 불이 옮겨붙어 불길이 활활 타오를 때까지 꼼짝 앉고 아궁이 옆을 지키고 앉아 있었다. 불길이 완전하게 자리를 잡자 준호는 부지깽이를 내려놓고 항아리의 물을 뜨기 시작했다.

준호가 막 두 번째 바가지 물을 가마솥에 부으려는데,

민호가 "형!" 하고 소리쳤다. 준호는 재와 검댕과 땀이 범벅된 얼굴로 쓰윽 돌아보았다. 수진과 민호가 킥킥킥 웃음을 터뜨렸다. 책벌레 역사 박사 준호의 모습은 온데간데없고, 웬 부엌데기 소년이 바가지를 들고 멀뚱멀뚱 서 있었다.

그때 민호의 예민한 코가 벌렁거렸다.

"어? 어디서 고깃국 냄새가 나는 것 같지 않아?"

민호가 코를 벌름거리며 말하자 준호가 "무슨 뚱딴지같은 소리야?" 하며 가마솥에 물을 부으려 했다.

그 순간 구암 선생님이 "잠깐만!" 하고 소리쳤다. 구암 선생님은 재빨리 준호를 막아서더니, 가마솥 안을 날카롭게 들여다보았다. 가마솥 가장자리에 음식 찌꺼기가 껴 있었다. 그전에 끓여 먹고 남은 음식의 찌꺼기 같았다.

구암 선생님은 손가락으로 그 찌꺼기를 찍어서 먹어 보더니 얼굴을 찌푸렸다.

"고깃국이 맞구나. 한데 상한 것 같다."

민호가 보란 듯이 말했다.

"봐, 고깃국 냄새 맞잖아. 내 코는 못 속인다니까!"

구암 선생님이 준호에게 일렀다.

"거기, 솥에 있는 물을 퍼내고 물수건으로 솥을 깨끗이 닦아라. 그런 다음 다시 물을 붓고 끓여라."

준호는 무심코 한숨이 나왔다. 겨우 불을 붙였나 했는데, 다시 물을 퍼내고 솥을 닦아야 하다니! 앓아누운 사람들을 생각하면 열심히 움직여야 하지만, 처음 해 보는 일들이 준호는 힘에 부쳤다. 준호의 마음을 알았는지 수진이 바가지를 빼앗으며 말했다.

"오빠, 내가 할게. 할아버지, 제가 해도 되죠?"

"그래, 그렇게 해라. 너희는 얼른 마을 사람들의 상황을 살피고 오너라. 병세가 위중하니, 서둘러야 한다!"

"네!"

준호와 민호는 큰 목소리로 대답하고는 아기네 집을 나섰다.

8. 민호, 전염병의 비밀을 밝히다

"형, 고깃국 냄새가 맞았지? 내 코는 못 속인다니까!"

민호가 목에 힘을 잔뜩 주며 큰 소리로 떠들었다.

도대체 어떻게 거기서 고깃국 냄새를 맡은 걸까? 음식 찌꺼기도 조금밖에 남아 있지 않았는데.

"딱 냄새가 나더라니까! 완전히 개코야, 개코!"

민호는 자기가 생각해도 신기한 듯 묻지도 않은 말을 재잘거리며 감탄했다. 하루 종일 엄청나게 걸었는데도 신이 나서 떠들어 대는 민호가 준호는 놀랍기만 했다.

'민호는 힘들지도 않나 봐. 어디서 저런 힘이 나는 걸까?'

준호는 목에 걸쳐져 있던 헝겊을 벗어 땀과 검댕으로 뒤범벅이 된 얼굴을 닦으며 생각했다.

길은 우물가에서 두 갈래로 나뉘었다. 한쪽 길은 강계댁 아줌마네 쪽으로, 또 한쪽 길은 참봉 어른네 쪽으로 뻗어 있었다.

'어느 쪽으로 갈까?'

준호는 잠시 고민했다.

'사람들의 목숨이 위중하니, 서둘러야 한다!'는 구암 선생님의 말이 떠올라 마음이 급했다.

"민호야, 시간이 없으니 여기서 헤어지자. 내가 왼쪽 길로 갈 테니, 너는 오른쪽 길로 갔다 와. 이따가 아기네서 만나자!"

그러고는 민호가 대답도 하기 전에 왼쪽 길로 달려갔다.

"쳇! 보나 마나 고깃국 때문인데, 뭘 저렇게 열심이야?"

민호는 혼잣말로 투덜대며 오른쪽 길에 있는 첫 번째 집으로 터덜터덜 들어갔다. 강계댁 아주머니네였다.

민호가 방 안으로 들어가자, 누워 있던 강계댁 아주머니가 일어나 앉으며 물었다.

"아기와 연이네는 좀 어떠냐?"

민호가 강계댁 아주머니를 안심시키려는 듯 대답했다.

"아, 걱정 마세요. 제가 의원님을 모셔 왔거든요."

그러자 누워서 끙끙대며 민호에게 알은척도 않던 할아버지가 "의원이라니?" 하면서 부스스 일어나 앉았다.

"이 마을에는 의원이 없는데, 어디서 모셔 왔단 말이냐? 설마 그새 읍내까지 갔다 왔을 리는 없고……. 더구나 읍내 의원들은 하나같이 목을 뻣뻣이 세우고 잘난 척하느라 이 산골까지 왔을 리 없는데……."

민호가 뻐기듯이 말했다.

"저 멀리 산에 가서 모셔 왔어요. 구암 선생님이요!"

할아버지가 무릎을 쳤다.

"뭐라고? 구암 선생님? 그 귀한 분께서 오시다니! 어의*까지 지내신 분이 우리 마을에 오셨단 말이냐? 지금 어디 계시냐?"

민호가 "아기네요."라고 말하기 무섭게 할아버지가 비적비적 자리에서 일어났다.

민호는 황당한 얼굴로 할아버지를 쳐다보다 구암 선생님을 떠올렸다. 벌에 쏘인 자리를 침 한 방으로 말끔히 낫게 한 분이시니, 얼른 가서 병을 고쳐 달라고 하고 싶을 것 같긴 했다.

하지만 지금 민호는 바로 그 훌륭한 구암 선생님이 시킨 일을 해야 했다. 민호는 어깨를 당당히 펴고 말했다.

"구암 선생님이 저한테 조사를 해 오라고 하셨어요. 구암 선생님이 시키신 일이니, 지금부터 제가 묻는 말에 잘 대답해 주세요. 아셨죠?"

* **어의**
궁궐 안에서 왕을 비롯한 왕실 사람들을 진료하는 의원. 왕의 건강을 책임지는 국가 의료 기구였던 내의원의 의원들 가운데서 뽑았으며, 어의들 가운데 으뜸은 '수의'였다. 수의는 내의원 전체 책임자인 도제조와 함께 임금의 병을 진찰하고 치료하는 최고 책임자였다.

할아버지는 건성으로 "아이고, 그럼, 그럼!" 하고 고개를 끄덕였다. 열이 그렁그렁한 눈에 뺨이 움푹 패인 시꺼먼 낯빛으로 방에 누워 있던 식구들도 퀭한 눈으로 민호를 보았다.

민호는 마치 의원이라도 된 것처럼 목소리에 잔뜩 힘을 주고 물었다.

"어디가 어떻게 아프세요?"

하지만 강계댁 아주머니는 민호의 질문에는 답하지 않은 채, 옆에 누워 있던 남편과 아이들을 일으켰다.

"세상에, 의원*님이 오셨단다. 어서 가 보자꾸나."

민호가 목소리를 가다듬고 다시 물었다.

"음, 그럼, 다음 질문. 언제부터 아팠죠?"

---

* **의원**
한의사들은 환자의 낯빛을 살피고 맥을 짚어 보며(진맥), 어디가 어떻게 아프고 언제부터 아팠는지를 물은 다음(문진), 증상에 따라 약을 지어 주거나 약을 짓는 방법(처방)을 알려 주고 침을 놓거나 뜸을 떠서 병을 치료했다.

강계댁 아주머니네 식구들은 민호의 말은 건성으로 흘려듣고, 헝클어진 머리와 옷을 매만지며 비틀비틀 밖으로 나가기에 바빴다.

"아이참, 묻는 말에 대답도 않고!"

그래도 넉살 좋은 민호는 오히려 사람들한테 "조심해서 가세요!" 하고 인사를 했다.

민호는 다음 집으로 가려다 말고 "아참!" 하며 부엌으로 뛰어 들어갔다.

가마솥 뚜껑을 열자 아니나 다를까, 거기에도 허연 것이 가마솥에 들러붙어 있었다.

'으음, 내 이럴 줄 알았다니까!'

민호는 손가락에 침을 묻혀 솥에 들러붙은 허연 찌꺼기를 찍어 먹어 보았다. 고깃국 맛과 함께 살짝 시큼한 맛이 느껴졌다.

민호는 못 먹을 것을 먹은 듯이 "에퉤퉤!" 하고 얼굴을 찡그렸다.

"역시 이 집도 이걸 먹고 탈이 났군! 쯧쯧쯧!"

그다음 집은 길가의 숲을 지나자 작은 텃밭과 함께 있었다. 집 안으로 부랴부랴 뛰어 들어가 보니, 역시 온 식구가 기운 없이 쓰러져 있었다.

"으으, 아아……."

그 집 식구들은 강계댁 아주머니네 사람들보다 더 아픈지 온 방 안에 신음 소리가 가득했다. 쓰러져 있는 사람들 사이에 꼬마 여자애가 누워 있는 것이 보였다.

민호는 그 여자아이한테 가서 살짝 이마를 짚어 보았다. 역시 이마에서 열이 펄펄 나고 있었다.

"음, 불덩이 같구나."

민호는 제법 의원처럼 말하고는 여자아이한테 물었다.

"너희도 고깃국을 먹었니?"

여자아이는 열이 그렁그렁한 눈으로 눈꺼풀만 끔벅였다.

"으음, 그래!"

민호는 고개를 끄덕끄덕하고는 여자아이를 안심시켰다.

"걱정 마. 내가 금방 약을 갖다 줄게."

그러고는 부엌으로 가서 가마솥 뚜껑을 열어 보았다. 역시 가마솥에 허연 찌꺼기가 들러붙어 있었다. 강계댁 아주머니네보다 더 많이 끓여 먹었는지 찌꺼기가 위쪽까지 껴 있고 더 찐득해 보였다.

"킁킁!"

민호는 이번에는 먹어 보지는 않고 눈으로만 유심히 살핀 다음, 예민한 코로 날카롭게 냄새를 맡아 보았다. 그러고는 고개를 끄덕끄덕했다.

"왜 아픈지 이제 알겠군!"

민호는 다시 소나무 숲 옆을 지나 다음 집으로 갔다. 이번에는 아예 안에 누구 계시냐고 묻지도 않고, 방문을 벌컥 열어 방 안을 쭉 훑어보았다. 그러고는 배를 움켜쥐고 끙끙 앓아누운 사람들에게 소리쳐 물었다.

"고깃국을 먹었죠?"

그러고는 사람들이 미처 대답하기도 전에 방문을 탁 닫

고 부엌으로 달려갔다. 가마솥 뚜껑을 능숙하게 열어 킁킁 냄새를 맡고는 뻔하다는 듯이 말했다.

"다 똑같아! 더 물어볼 것도 없다니까!"

마침내 민호는 확신에 차서 왔던 길을 되돌아갔다.

9. 내 제자가 되지 않겠느냐?

'저 엉덩이는……?'

이 집 저 집 꼼꼼히 살펴보고 돌아가던 준호는 아까 민호가 갔던 왼쪽 길에서 웬 아이가 풀숲에 머리를 박고 있는 것을 보고는 고개를 갸웃거렸다.

오리처럼 통통하게 톡 튀어나온 엉덩이. 이것은 민호의 엉덩이가 틀림없었다.

가까이 가 보니 민호는 풀숲에 머리를 박고 사슴벌레와 장수하늘소의 싸움 구경에 넋을 잃고 있었다.

"여기서 뭐 해? 조사하러 안 갔어?"

준호가 놀라서 묻자 민호가 입을 벌린 채 돌아보았다.

"어, 벌써 갔다 왔지. 조사 다 했어. 세 집이나 조사했는걸."

준호는 안도의 한숨을 내쉬었다. 딴짓을 한 줄 알았는데, 세 집이나 조사했다니 다행이었다.

"그럼 빨리 가서 구암 선생님한테 알려 드려야지, 여기서 뭐 해!"

준호는 꾸짖듯이 말하고는 장수하늘소에 흠뻑 빠진 민호를 질질 끌고 아기네 집으로 달려갔다.

아기네 집의 좁은 마당에는 사람들이 꽉 들어차 있었다. 텔레비전 사극에서 본 혜민서*처럼 사람들이 땅바닥에 멍석을 깔고 "아이고아이고!", "으으!" 소리를 내며 누워 있었다.

구암 선생님은 몸이 열 개라도 모자랄 듯, 멍석에 누워

* **혜민서**
조선 시대에 백성들의 병을 치료하던 국가 의료 기관으로 '백성에게 은혜를 베푸는 관청'이라는 뜻이다. 주로 가난한 백성들을 무료로 치료해 주고, 우리나라에서 나는 재료로 약재를 만들었다.

차례를 기다리는 환자들의 맥을 짚고 침을 놓아 주느라 정신이 없었다. 수진도 바쁘게 여기저기 돌아다니고 있었다.

풍로 위의 약탕기*에서 진한 약초 냄새를 풍기는 약이 보글보글 끓었다. 침을 놓던 구암 선생님이 준호와 민호가 들어서는 것을 보고 물었다.

"그래, 알아보고 왔느냐?"

민호가 의기양양하게 대답했다.

"네, 세 집이나 갔다 왔어요! 세 집 다 몽땅 아팠고요."

구암 선생님이 다음 환자에게로 옮겨 가며 물었다.

"그래? 병증은 어떻더냐? 어디가 어떻게 아프다던?"

* **약탕기**
약재를 달이는 도구. 한약은 보통 마른 약재를 물에 넣고 오랫동안 뭉근하게 끓여서 우려낸 물을 먹는다. 그래서 약탕기는 서서히 가열되고 서서히 식는 옹기로 만들었으며, 한지로 뚜껑을 덮어 불순물을 거르고 수증기 증발량을 줄였다. 보통 바람구멍이 있는 풍로 위에 약탕기를 올리고 약을 달였다.

민호는 말문이 딱 막혔다. 어디가 어떻게 아프냐고? 그야······. 생각해 보니 환자들에게 딱히 들은 이야기가 없었다. 민호가 우물쭈물하다가 결심한 듯 대답했다.

"막 많이 아팠어요. 그리고 모두 고깃국을 먹었어요!"

"그 정도면 됐다."

구암 선생님은 환자에게 간단히 침을 놓아 주고 준호를 쳐다보았다. 준호는 배낭에서 수첩을 꺼냈다.

"저도 세 집을 다녀왔어요. 우선 첫 번째 집에는 아저씨, 아줌마, 여자아이, 아기가 있었는데 넷 다 설사를 계속했대요. 물만 먹어도 설사를 해서 어제저녁부터 아무것도 안 먹고 누워 있었고요. 먹은 음식은 보리밥이랑 찐 감자랑 고깃국이었어요. 두 번째 집에는 할머니랑 청년이 누워 있었는데, 두 분도 보리 개떡이랑 고깃국을 드신 뒤로 계속 토하고 설사를 했대요. 할머니 말씀으로는 갑자기 고깃국을 먹어서 뱃속이 놀란 것 같다고 하셨어요. 그래서 지난해에 담가 둔 매실주를 한 잔씩 마셨더니, 속이

좀 가라앉고 설사가 잦아들었대요."

민호는 입이 쩍 벌어졌다.

"우아, 형 대단하다!"

준호가 똑똑하고 정리를 잘하는 것은 알았지만, 이렇게까지 꼼꼼하게 조사해 올 줄은 몰랐다. 민호는 대충 조사한 자신이 부끄럽기는커녕 준호가 자기 형이라는 사실이 자랑스러워 우쭐했다.

구암 선생님은 생각에 잠겨 "으음." 하고 고개를 끄덕거렸다.

"그래. 다음 집은 또 어땠느냐? 어서 계속해 봐라."

준호는 깨알 같은 글씨가 적힌 수첩을 넘겼다.

"세 번째 집에는 할아버지, 할머니랑 젊은 아가씨가 있었어요. 할아버지 할머니는 설사병이 나서 누워 계셨고, 아가씨가 두 분을 간호하고 있었죠. 아가씨는 아프지 않은 것 같았어요. 이상해서 물어보았더니, 할아버지 할머니께 고깃국을 끓여 드리고 아가씨는 안 먹었대요. 그 집에는 아직 고깃국이 남아 있었어요. 설사병이 다 나으시면 다시 끓여 드릴 거래요. 아주 효녀인 것 같았어요."

구암 선생님이 대견한 듯 빙그레 웃었다.

"잘했다. 한데 어떻게 약속이나 한 듯 집집마다 고깃국을 끓여 먹었을까?"

준호가 기다렸다는 듯이 대답했다.

"바로 그거예요, 구암 선생님. 아가씨가 그러는데, 장초시 댁에서 집집마다 고기를 나눠 주었대요."

구암 선생님의 얼굴이 순식간에 어두워졌다.

"몹쓸 양반 같으니라고! 마을 사람들한테 상한 고기를 나눠 주었나 보군."

그러자 옆에서 누워 있던 아저씨 한 분이 벌떡 일어났다.

"뭐라고요? 상한 고기를 줬다고요!"

"뭐, 상한 고기!"

"이 사람이 진짜!"

그 옆에 있던 아주머니도, 그 옆의 옆에 있던 아주머니도 비틀비틀 일어나 앉았다.

"이제 보니 자기 못 먹을 걸 우리한테 준 거구먼. 어쩐지 그 자린고비가 웬일인가 했네!"

"의주* 국경 부근에서 청나라하고 장사하면서 돈깨나 벌었다더니, 고작 한다는 짓이 마을 사람들한테 상한 고기나 주고! 천하에 몹쓸 인간 같으니라고!"

그러자 거적때기며 멍석 위에 누워 있던 사람들이 더욱 소리를 높여 "아이고, 배야!" 하고 배를 움켜쥐었다. 가뜩이나 아픈 배가 장 초시의 고약한 소행 때문에 더 끊어질

▲의주대로

* 의주
압록강 국경 부근에 위치한 의주는 일찍부터 육로와 물길이 발달하여 국제 무역 도시가 되었다. 조선의 수도인 한양과 중국의 수도인 연경(지금의 북경)을 잇는 의주대로를 통해 사신들과 상인들이 오고 가면서 활발하게 무역을 벌였다. 의주대로는 조선시대에 가장 중요한 길이라는 뜻으로 '제일로', 중국 연경으로 가는 사신단이 행차하는 길이라는 뜻으로 '연행로'라고도 불렸다.

듯 아픈 것 같았다.

구암 선생님이 한숨을 내쉬었다.

"상한 고기가 원인이었구나. 두창이 아니라서 다행이다."

준호도 덩달아 한숨을 내쉬며 수첩을 덮었다.

구암 선생님은 기특한 눈빛으로 준호를 보며 말했다.

"그나저나 아까 아기를 처치한 것도 그렇고, 너는 의원이 될 소질이 있구나. 그렇게 꼼꼼히 병자를 살피는 것이 의술의 기본이니라. 의원이 병자에게 병에 걸린 시기, 경과, 병자와 가족들이 앓은 병의 종류를 묻는 문진은 진료에서 가장 중요한 첫 단계이지. 무엇보다 의술은 인술이다. 침착한 태도와 처방도 칭찬할 만하다만, 아픈 사람을 외면하지 않고 따뜻이 돌본 그 마음이야말로 의원의 가장 훌륭한 자질이다."

준호는 구암 선생님의 말에 기분이 좋아졌다. 구암 선생님에게 도움이 되었다니, 힘들게 뛰어다닌 보람이 있었다. 무엇보다 아픈 사람들에게 도움이 되어 뿌듯했다.

환자를 보살피던 수진이 땀을 닦으며 뛰어왔다.

"할아버지, 다했어요. 이제 또 뭐할까요?"

구암 선생님은 수고했다는 듯이 수진의 머리를 쓰다듬었다. 그리고는 진지한 눈빛으로 준호를 바라보며 물었다.

"내가 지금 병의 원인과 치료법 등을 다룬 《동의보감》이라는 책을 쓰고 있는데, 조수가 필요하던 참이다. 어떠냐? 날마다 우리 집에 와서 의술도 배우고 내 일도 도울 생각이 없느냐?"

동의보감*!

* 동의보감
우리나라를 대표하는 의학책. '동의'란 중국의 동쪽에 있는 우리나라의 의술을 가리킨다. 허준이 15년에 걸쳐 쓴 책으로, 25권에 이른다. 《동의보감》에는 중국의 주요 의학책의 내용들과 허준이 의원으로 일하면서 얻은 지식이 모두 담겨 있다. 여러 가지 병의 증상과 그 치료법이 알기 쉽게 쓰여 있어, 한의사뿐 아니라 일반인들에게도 널리 읽힌다.

준호는 깜짝 놀라 구암 선생님을 뚫어져라 쳐다보았다. 《동의보감》이라면 우리나라 전통 의학을 대표하는 책으로, 허준이 썼다는 그 유명한 의학책이 아닌가!

그렇다면 이 분은!

준호는 자신의 눈을 의심했다. 하얗게 센 머리, 주름살이 가득한 얼굴과 굽은 등. 영락없는 시골 할아버지 같은 모습의 이 분이 그 유명한 허준*이란 말인가? 준호는 믿어지지 않는다는 듯 눈을 크게 뜨고 물었다.

"《동의보감》이라면 할아버지가 혹시…… 허준이세요?"

구암 선생님의 얼굴에 지혜로운 웃음이 번졌다.

"허허, 그래. 내 이름을 아는 것을 보니, 의학에 관심이

---

* **허준**

조선 시대의 의사이자 학자로, 호는 '구암'이다. 뛰어난 의술을 인정받아 선조와 광해군의 어의를 지냈고, 《동의보감》을 펴내 중국 의학과는 다른 우리나라만의 의학을 바로 세웠다. 《동의보감》 외에도 전염병의 치료법과 예방법 등을 다룬 《벽역신방》, 백성들이 쉽게 알 수 있는 기본 의학 지식을 정리한 《언해구급방》 등을 썼다. 특히 두창 치료에 대해 광범위하게 연구한 뒤에 쓴 《언해두창집요》에서는 두창을 약을 써서 고쳐야 한다고 주장했다. 그전까지는 두창에 약을 쓰면 두창을 일으키는 신인 두신이 노한다고 여겨 절대로 약을 쓰지 않았다.

있나 보구나. 어떠냐? 내 제자가 되어 보겠느냐?"

준호는 얼떨떨했다. 조선 최고의 명의 허준에게 제자가 되지 않겠냐는 말을 듣다니! 가슴이 벅차서 숨소리가 거칠어졌다.

그런데 하필이면 그때 배낭에서 두루마리가 꿈틀거리기 시작했다.

이럴 수가!

준호는 너무나 안타까웠다. 허준 옆에서 의술을 배울 기회를 놓친 것이다. 어차피 과거에 며칠씩 머물 수는 없지만, 잠시만이라도 허준이 《동의보감》을 쓰는 모습을 볼 수 있다면 좋을 텐데.

'아, 조금만 더 머물 수 있다면!'

역사학자 할아버지가 왜 현실로 돌아오지 않고 과거에 머물고 있는지 그 마음을 조금은 알 것 같았다. 준호는 안타까운 눈빛으로 허준을 보았다.

"말씀은 고맙지만, 저는 이 동네에 사는 아이가 아니라

서요, 이제 집에 가 봐야 해요."

민호가 펄쩍 뛰었다.

"어우, 형, 왜! 이 할아버지가 형을······."

수진이 눈치를 채고 민호의 옆구리를 쿡 찔렀다.

"맞아요. 부모님이 걱정하실 거예요. 빨리 가야 돼요."

수진이 말하자 허준은 아쉬운 듯 준호를 보았다.

"허허, 그거 참! 좋은 인재를 만났는데 안타깝구나. 집에서 기다리신다니 일단 가 보거라. 하지만 잘 생각해 보고 내 밑에서 일할 마음이 생기거든 언제든 찾아오너라."

수진은 허준을 혼자 두고 갈 생각을 하니 걱정스러웠다.

"그런데 우리가 가면 이 많은 환자를 할아버지 혼자 어떻게 돌봐요?"

허준이 기특하다는 듯 수진의 등을 다독였다.

"걱정 마라. 너희 덕분에 원인을 알아냈으니, 이제 약을 달여 먹고 속을 깨끗이 비운 다음 푹 쉬면 된다. 염병이 아니니, 곧 완쾌될 게다."

허준의 말에 아이들이 안도의 한숨을 내쉬는 순간, 두루마리가 다시금 세차게 꿈틀거렸다.

"그럼 저희는 그만 가 볼게요! 안녕히 계세요."

준호는 민호의 손을 잡고 돌아섰다. 그러고는 서둘러 사립문을 나서는데 한 아가씨가 마당에 들어섰다.

"의원님, 저도 도우러 왔어요. 마을 사람들이 모두 앓아누웠다기에 뭐라도 거들려고요."

아가씨가 부끄러운 듯이 말하자 허준의 얼굴에 환한 웃음이 번졌다.

그러자 마당에 있던 사람들 몇몇이 다가와 말했다.

"저도 이제 좀 살 만합니다. 의원님을 돕겠습니다."

"저도요!"

"뭐든지 시켜만 주세요!"

"임금님을 돌보시던 의원님께서 저희처럼 미천한 백성들을 손수 돌봐주셨는데요."

"아무렴, 그 귀한 약도 이렇게 써 주시고요."

아이들도, 허준도 감격해서 눈시울이 붉어졌다.

아기 엄마도 아기를 업고 마당으로 나왔다. 얼굴은 여전히 창백했지만, 간신히 기운을 차린 것 같았다.

"얘들아, 너희들 덕분에 살았구나. 정말 고맙다."

"별말씀을요!"

민호가 소리치며 돌아섰다.

두루마리가 이제 더는 못 참겠다는 듯 배낭 속에서 요란하게 꿈틀거렸다. 민호의 주머니에 있는 모래시계도 금방이라도 튀어나올 듯 요동쳤다.

"가자!"

민호는 그렇게 소리치며 정신없이 뛰기 시작했다. 준호와 수진도 민호를 따라 길을 내달렸다. 초여름의 밝은 햇살이 아이들의 머리 위로 환하게 쏟아져 내렸다.

10. 나는 허준한테 침을 맞은 몸이라고!

지하실로 돌아온 뒤에도 아이들은 좀처럼 흥분이 가시지 않았다. 아가씨와 몸이 아픈 환자들이 허준을 돕겠다고 나서던 광경이 생생하게 떠올랐다.

아이들은 여전히 뭉클한 표정으로 서로를 쳐다보았다.

"다들 괜찮겠지? 그 아주머니랑 아기도? 허준 선생님도 계시고, 마을 사람들도 서로 보살펴 줄 테니."

수진이 가슴이 벅찬 듯 흐음 하고 한숨을 내쉬었다.

민호도 흐음 한숨을 쉬다가 문득 생각난 듯 목소리를 높였다.

"그 장 초시란 사람이 너무 괘씸해! 어떻게 상한 고기를 주냐? 그 사람 때문에 다들 아파서 죽을 뻔했잖아!"

수진이 맞장구를 쳤다.

"그러니까! 그 사람 때문에 정말 큰일 날 뻔했지 뭐야. 다행히 전염병은 아니었지만. 허준 선생님이 아니었으면……. 어휴!"

수진은 생각만 해도 끔찍한 듯 몸서리를 쳤다.

준호도 한숨을 내쉬었다. 허준이 없었다면 다들 어떻게 되었을지 몰랐다. 특히 갓난아기와 아주머니는 외딴집에서 끙끙 앓다가 무슨 일을 당했을지 알 수 없었다. 다행히 아이들에게 발견되어 허준한테 치료를 받았기에 망정이지, 안 그랬으면 목숨이 위태로울 수도 있었다.

준호는 새삼 가슴이 뿌듯해 왔다.

"다들 괜찮을 거야. 조선 최고의 명의인 허준 선생님이 돌봐 주고 있으니까!"

하지만 민호와 수진은 분이 풀리지 않았다.

민호가 씩씩대며 말했다.

"장 초시는 생긴 것도 너무 고약해. 팔자수염도 그렇고, 완전 얌체 같아!"

"장 초시 만났어?"

준호가 묻자 수진이 대답했다.

"응, 아까 허준 선생님 댁에 갔다가 만났어. 허준 선생님이 안 계신다고 하니까, 자기가 오랄 때는 안 오더니 어딜 갔느냐고 어찌나 화를 내는지! 정말 황당하더라. 왜 허준 선생님이 그 집에 안 갔는지 알 것 같아."

"진짜 심보가 고약한 사람이야. 사람들한테 상한 고기나 나눠 주고 말이야!"

민호가 분하다는 듯이 말하자 수진이 풋 하고 웃었다.

"아까 그 사람 놀라는 거 봤지?"

수진과 민호는 "여, 여, 여, 염병!" 하고 동시에 장 초시 흉내를 냈다. 그러고는 사시나무 떨듯 덜덜 떨면서 내빼던 장 초시와 하인을 떠올리며 푸하하 웃음을 터뜨렸다.

준호는 자세한 사정은 모르지만, 마을 사람들한테 상한

고기를 준 사람을 흥보는 줄 알고 같이 웃었다.

민호가 웃다 말고 갑자기 배를 쥐고 얼굴을 찡그렸다.

"아까 집집마다 조사를 하느라 상한 음식을 찍어 먹어서 그런가, 배가 좀 아픈 것 같아."

그러자 수진이 깔깔대며 웃었다.

"말도 안 돼! 배가 아픈 게 아니라 고픈 거겠지. 벌에 쏘인 자리는 멀쩡한데, 뭘!"

민호는 신기한 듯 이마를 쓱쓱 문질러 보고는 겸연쩍게 웃었다.

"벌에 쏘였어?"

준호도 들여다보았지만, 민호의 이마는 아무 흔적도 없이 매끈했다.

마법의 두루마리 여행은 정말이지 신비롭다. 과거에서 무슨 일이 있었더라도, 현실로 돌아오면 원래대로 되돌아왔다. 물에 젖은 머리도, 벌에 쏘인 자리도. 뭔가 마법의 두루마리 세계의 규칙 같은 것일까.

벌에 쏘였을 때의 고통이 떠올랐는지, 민호가 머리를 절레절레 흔들었다.

"아깐 진짜 아팠는데."

민호는 벌에 쏘였던 오른쪽 이마에 주먹을 갖다 대며 "여기가 이만하게 부풀어 올랐어." 하고 준호에게 말했다.

"어쩌다 그랬어? 좀 조심하지. 그런데 나랑 만났을 때는 안 부어 있던데."

준호가 걱정스러운 표정으로 묻자, 수진이 민호에게 눈을 흘기며 말했다.

"내가 움직이지 말라고 했는데도 벌을 쫓는다고……."

민호가 수진의 말을 막으려는 듯 말머리를 돌렸다.

"허준 선생님이 고쳐 주셨어. 머리에서 불이 난 것 같고 눈이 통통 부어서 앞이 안 보였는데, 글쎄, 침 한 대를 놓으니까 금방 가라앉지 뭐야. 난 허준 선생님을 평생 존경할 거야. 허준 선생님은 우리나라 최고의 의원이야. 난 그런 분한테 직접 침을 맞은 사람이고!"

그러고는 자랑스러운 표정으로 가슴을 툭툭 두드렸다.

"엄마도 침 맞는 거 좋아하는데, 엄마한테 자랑하고 싶다!"

그러자 준호와 수진이 "안 돼!" 하고 소리쳤다.

"헤헤, 농담이야! 그런데 형, 아까 그 장 초시란 사람이 그러는데, 허준 선생님이 귀양살이를 하고 있대. 왜 허준 선생님같이 훌륭하신 분이 귀양살이를 한 거야?"

민호가 묻자, 수진도 도무지 이해가 안 간다는 얼굴로 준호를 보았다.

"맞아, 허준은 조선 최고의 명의잖아. 그런데 왜 귀양살이를 했어?"

준호는 말문이 막혔다. 거기에 대해서는 전혀 아는 것이 없었다. 허준이 많은 사람의 생명을 구하고 《동의보감》을 썼다는 사실만 알 뿐, 귀양살이를 했다는 것은 준호도 모르던 사실이었다.

"글세, 나도 잘 모르겠는데……."

준호의 말에 민호와 수진이 호기심에 눈이 반짝거렸다.

아이들은 허준이 왜 귀양살이를 한 것인지, 어째서 그 산골에서 혼자 지내고 있었던 것인지 너무나 궁금했다. 특히 준호는 허준이 《동의보감》 쓰는 일을 돕지 않겠냐고 했기에 《동의보감》에 대해 더 많이 알고 싶었다.

준호가 자리에서 일어나며 말했다.

"집으로 가자. 책을 찾아봐야겠어."

그러자 민호가 골방 문을 열고 먼저 뛰어나갔다.

"난 아빠한테 물어봐야지!"

수진이 민호 뒤를 쫓아 달려가며 소리쳤다.

"나도, 나도!"

준호는 야단스러운 동생들의 뒷모습을 보며 혼자 웃었다. 민호와 수진을 따라 골방 문을 나서는데, 문득 허준의 목소리가 들리는 것 같았다.

'너는 의원이 될 자질이 있구나……. 날마다 우리 집에 와서 의술도 배우고 내 일을 도울 생각이 없느냐?'

준호는 벅찬 한숨을 내쉬며 빙긋 웃었다. 그리고 조용히 골방 문을 닫았다. 이번 여행은 좀처럼 잊히지 않을 것 같았다.

준호의 역사 노트

과거 여행을 다녀온 뒤 역사 박사 준호는 도서관과 아빠의 서재를 들락거리며 허준 연구에 몰두했다. 준호는 무엇을 알아냈을까?

자연의 의술, 한의학

한의학은 고대부터 전해 내려오는 우리 고유의 의학이 중국, 일본 등 동양 의술과 교류하며 발달한 전통 의학이다.

한의학에서는 사람의 몸을 작은 우주로 보고, 일정한 질서에 따라 조화를 이루며 살아가는 생명체로 본다. 다시 말해 우리 몸은 몸 안에서 기운이 지나다니는 통로인 경락을 통해 기가 순환하고 오장육부에 영양이 공급된다는 것이다. 또한 사람이 병에 걸리거나 몸이 아픈 까닭은 경락이 막히거나 약해졌기 때문이므로, 약과 침과 뜸 등으로 경락을 자극하여 기의 흐름을 원활하게 하고 몸의 조화를 되찾으면 병이 낫는다고 여겼다.

한의학의 기본 치료법은 침놓기, 뜸 뜨기, 약 쓰기인데 뜸이나 약에 쓰는 재료인 풀, 나무뿌리, 곤충, 동물 등은 모두 자연에서 얻은 것이다.

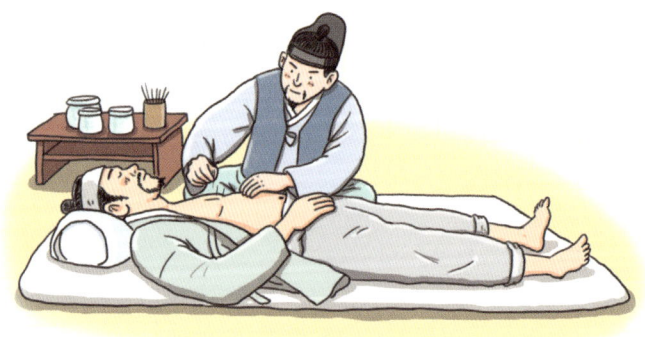

한약은 어떻게 만들었을까?

1. 약초 캐기 약초꾼들이 나무로 만든 작은 약삽과 약호미, 대나무로 만든 꼬챙이 등으로 산과 들에서 풀, 나무뿌리 등을 캔다.

2. 약초 말리기 약초를 널어서 말린다. 잎이나 꽃 등은 그늘에서 말리고 뿌리나 껍질, 줄기 등 단단한 것은 햇볕에 말린다.

3. 약재 사고팔기 말린 약재를 장터에서 사고판다. 한약재를 다루는 시장을 약령시라고 하는데, 보통 약초가 나오는 시기에 맞춰 해마다 봄가을에 열렸다. 대구, 전주, 원주 등의 약령시가 유명하다.

4. 한약방 병에 따라 약을 지어 팔았다. 한약방은 진료도 하고, 약을 지어 팔기도 했다.

한의학의 기본 치료법

침 바늘처럼 뾰족한 침으로 경락을 자극하여 몸 안의 나쁜 기운을 빼내고 기운이 잘 돌게 한다.

뜸 피부 위에 마른 쑥 같은 약재를 꽁꽁 뭉쳐서 작게 빚어 올려놓고 위에 불을 붙여 약재의 뜨거운 열기가 몸 안에 들어가 기운을 북돋게 한다.

약 풀, 나무뿌리 등 자연에서 얻은 재료로 약을 지어, 달여 먹거나 알약으로 만들어 먹음으로써 병의 원인인 독성이나 염증을 치료한다.

조선 최고의 명의, 허준

허준(1539년~1615년)은 어릴 때부터 총명하여 책 읽기를 좋아했다. 30대에 궁중 내의원에 들어간 허준은 훗날 광해군이 된 왕자의 두창을 치료해 실력을 인정받았다. 당시 두창은 고칠 수 없는 불치병인 데다 전염성이 강해 다른 의원들은 치료를 꺼렸지만, 허준은 뛰어난 의술과 정성으로 왕자의 병을 고쳤다.

이후 선조의 신임을 얻어 어의가 된 허준은 1596년에 선조의 명으로 《동의보감》을 쓰기 시작했다. 선조가 병으로 죽자 허준은 그에 대한 책임으로 의주로 귀양을 갔고, 그곳에서 《동의보감》을 완성했다.

허준이 77세의 나이로 사망하자, 중인 신분임에도 나라에서 '정1품 보국숭록대부'라는 높은 벼슬을 내렸다. 이후 허준은 학자들과 백성들의 존경을 한 몸에 받으며 의술의 성인이라는 뜻의 '의성'으로 불렸다.

수많은 생명을 구한 조선의 명의들

임언국(?~?)
조선 명조 때의 의원으로, 처음으로 큰 종기를 수술로 치료했다. 그전에는 약이나 침, 뜸으로 치료했는데, 임언국은 고름집을 '十'자 모양으로 째고 고름을 빼낸 다음 소금물로 씻어 내는 새로운 방법을 개발한 것이다. 이 방법은 지금의 종기 치료법과 비슷하다.

허임(?~?)
조선 선조 때의 의원으로, 침놓는 기술이 워낙 뛰어나 '신의 손'으로 불렸다. 침과 뜸으로 환자를 치료하는 방법에 대해 《침구경험방》이라는 책을 썼으며, 이 책은 멀리 일본에까지 퍼져 인기를 끌었다.

백광현(1625년~1697년)
원래 말을 치료하는 '마의'였으나, 침술이 탁월하여 어의 자리까지 올랐다. 특히 종기 치료에 능했는데, 독기가 강하고 뿌리가 깊은 악성 종기로 죽어 가는 사람들을 많이 살렸다.

유이태(1652년~1715년)
조선 후기의 의학자로, 뛰어난 의술로 고치기 힘든 병자를 많이 살려 냈다고 한다. 가난한 백성들을 위해 대개 한 가지 약재를 써서 치료했다. 두창과 홍역 등 전염병 치료법을 모은 책 《마진편》을 쓰는 등 전염병 예방과 치료에도 공을 들였다.

정약용(1762년~1836년)
조선 후기의 실학자로, 홍역과 두창의 치료법에 대해 쓴 책인 《마과회통》에서 두창을 앓은 사람으로부터 받은 균을 건강한 사람의 몸에 옮겨 가볍게 앓게 함으로써 병을 예방하는 인두법을 소개했다.

이제마(1838년~1900년)
사람을 네 가지 체질(태양인, 태음인, 소양인, 소음인)로 분류하고 체질마다 달리 치료하는 '사상의학'을 만들었다. 자신의 병을 치료한 경험을 바탕으로 쓴 책 《동의수세보원》에서 같은 병이라도 환자의 체질에 따라 처방을 달리 해야 한다는 독창적인 체질 의학을 주장했다.

우리 겨레의 보물, 《동의보감》

《동의보감》은 허준이 선조의 명령에 따라 쓴 책으로, 조선 세종 때 쓰인 《향약집성방》《의방유취》와 함께 우리나라의 3대 의학책 중 하나이다. 처음에는 허준과 내의원의 의관들이 함께 썼으나, 임진왜란으로 중단된 뒤 허준이 혼자서 완성하여 책으로 펴냈다.

《동의보감》은 허준이 오랜 의원 생활에서 얻은 경험과 지식을 모두 쏟아 부은 책이다. 내과, 외과를 비롯해 유행병, 부인과, 소아과 등의 잡병, 약, 침, 뜸 등에 관한 내용을 총 25권의 책에 정리해 의학 백과사전이라고 할 만하다.

《동의보감》은 처방이 쉽고 간결한 데다 쑥, 생강, 당귀, 도라지, 오가피 같이 우리 산과 들에서 쉽게 구할 수 있는 약재 중심으로 쓰여 있어 비싼 약을 쓸 수 없었던 백성들에게 큰 도움이 되었다. 뿐만 아니라 허준은 한자를 모르는 백성들을 위해 '葛根(갈근)' 같은 한자 이름 밑에 '칡뿌리'라는 우리 고유의 약재 이름을 덧붙였다. 또 약재를 언제 어디에서 채취하는지, 어떻게 가공하는지 등도 써 놓았다. 그 외에도 《동의보감》에는 의학 지식이 없는 백성들을 위한 내용이 많다. 가난한 백성들을 위해 한 가지 약만 써서 병을 치료할 수 있는 처방을 따로 정리했으며, 의원이 없는 위급 상황 때의 대처법, 가정상비약 마련의 중요성에 대해서도 설명했다.

세계적으로 인정받은 《동의보감》

《동의보감》은 예부터 전해 내려오던 우리의 전통 의학과 중국 고전 의학을 바탕으로 우리나라 사람에게 필요한 의학 지식을 체계적으로 정리했다.

병을 증상별로 자세하게 설명하고 치료법과 약 짓는 법을 알기 쉽게 써서, 전문적인 의학 지식이 없어도 병을 치료할 수 있도록 했다. 이 같은 실용성 덕분에 《동의보감》은 우리나라뿐 아니라 중국, 일본에서도 인기가 높았으며, 이후 조선 의학 발달의 밑거름이 되었다.

《동의보감》은 최근까지도 한국, 중국, 일본에서 계속 출간되고 있으며 2009년에는 유네스코 세계 기록 유산으로 지정되었다. 유네스코 세계 기록 유산 가운데 의학책은 《동의보감》이 유일하다.

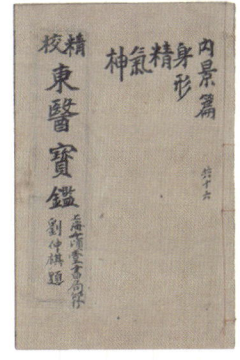

19세기 중국 청나라에서 펴낸 《동의보감》. 《동의보감》은 우리나라뿐 아니라 중국, 일본 등 여러 나라에서 출간되었다.

《동의보감》과 함께 우리나라를 대표하는 의학 책

《향약집성방》 조선 세종 때 만들어진 책으로, 우리나라 풍토와 우리나라 사람들의 체질에 맞는 처방과 약이 정리되어 있다. '향약'은 우리나라 약을 뜻한다.

《의방유취》 조선 세종 때 우리나라 사람이 많이 앓는 병의 증상과 그에 따른 치료법을 수집하여 펴낸 책으로, 266권에 달한다. 동양 최대의 의학 백과사전이며 중국에서 간행된 164종의 고전 의서들이 인용되어 있다.

조선 시대에는 어떤 의료 기관이 있었을까?

조선 시대에는 의원 수가 적고 의료 기관도 많지 않았다. 이 때문에 국가에서는 가난한 백성들을 위해 의료 기관을 운영했는데, 이 의료 기관들은 흉년이 들거나 전염병이 돌 때 백성들을 돌보고 백성들의 처지와 마음을 살피는 역할을 하기도 했다.

조선 시대의 의료 기관

내의원

왕과 왕실 사람들을 진료하고, 약을 짓고, 의학책을 펴내던 관청. 조선 시대 내의원은 새로운 의학 기술과 최고의 의원들이 모이는 곳이었다. 전의감, 혜민서와 함께 3대 의료 기관으로 꼽힌다.

창덕궁 내의원

전의감

궁에서 사용하는 약재를 관리하고 약을 짓던 관청. 전국에서 필요한 약재를 거두어들였으며, 직접 약초를 기르기도 했다. 또 시험을 통해 의관을 뽑아 의술을 가르치고, 임금이 관리들에게 내리는 약을 관리하기도 했다.

혜민서, 활인서

혜민서는 백성들을 무료로 치료해 주던 의료 기관이고, 활인서는 주로 병자와 오갈 데 없는 사람들을 받아들여 돌보던 의료 기관이다. 활인서는 전염병 환자를 돌보고 가난한 백성들에게 음식과 옷, 약 등을 나누어 주는 구휼 활동도 했다.

조선 시대의 한의원은 어떤 모습일까?

약장 작은 서랍들이 많이 달려 있는 서랍장. 약재를 찾기 쉽도록 서랍에 약재 이름을 붙여 놓았다. 약에 곰팡이가 슬거나 벌레 먹는 것을 막기 위해 습기와 해충에 강한 단단한 나무로 만들었다.

약절구 말린 약재를 가루로 곱게 빻는 데 썼다.

약작두 말린 약재를 잘게 써는 도구.

약저울 약재의 무게를 재는 기구. 가벼운 약재의 무게를 재는 약저울은 크기가 작고 정밀했다. 주로 손으로 드는 손저울을 썼는데, 긴 막대기 끝에 추를 매달아 약재의 무게를 쟀다.

준호의 역사 노트_155

사진 자료 제공

22p **대동여지도 전도** 천안박물관
53p **서낭당** 국립민속박물관
54p **백설기** 한국민족문화대백과사전
83p **뜸** 크라우드픽
87p **인체 그림** 국립중앙박물관
102p **침** 국립중앙박물관
126p **약탕기** 한국민족문화대백과사전
134p **동의보감** 국립중앙박물관
150p **허준 초상** 한국민족문화대백과사전
153p **《동의보감》** 한국학중앙연구원
153p **《향약집성방》** 서울대규장각한국학연구원
153p **《의방유취》** 한국민족문화대백과사전
154p **창덕궁 내의원** 궁능유적본부

마법의 두루마리 15
조선의 명의 허준을 만나다

ⓒ 강무홍, 김종범, 2025

1판 1쇄 펴낸날 2025년 6월 13일
글 강무홍 **그림** 김종범 **감수** 김호
편집 우순교 **디자인** 박정아
펴낸이 강무홍 **펴낸곳** 햇살과나무꾼
등록 2009년 07월 08일(제313-2004-54)
주소 서울시 영등포구 당산로54길 11 상가 305호
전화 02-324-9704
전자우편 namukun@namukun.com
ISBN 979-11-987725-9-6(73810)

* 신저작권법에 따라 한국 내에서 보호를 받는 저작물이므로 무단 전재와 무단 복제를 금합니다.